FRIEDRICH PÜRNER
DIAGNOSE: PAN(IK)DEMIE
DAS KRANKE GESUNDHEITSSYSTEM

Für Samuel, Julius und David

»*Zuerst ignorieren sie dich, dann lachen sie über dich, dann bekämpfen sie dich, und dann gewinnst du.*«
Mahatma Gandhi

DR. MED. FRIEDRICH PÜRNER

DIAGNOSE PANIKDEMIE

Das kranke Gesundheitssystem

»Und warum fallen wir, Sir?
Damit wir lernen können, uns wieder aufzurappeln.«
(Alfred Pennyworth zu Bruce Wayne –
In: *Batman Begins*, © Warner Bros.)

Für wen ist dieses Buch gedacht? Für alle. Niemand sollte sich ausgeschlossen fühlen. Alle Leser sind herzlich eingeladen, mich zu begleiten und die Dinge aus meiner Perspektive zu sehen. Ganz bewusst habe ich auf zuweilen unverständliche wissenschaftliche Sprache und ausführlichste Erklärungen verzichtet. Auf eine ständige gendergerechte Formulierung habe ich ebenfalls verzichtet. Ich schätze jeden Menschen, ungeachtet seines Geschlechts, seiner Herkunft, seiner Hautfarbe oder seiner Vergangenheit.

© 2021, LMV, ein Imprint der Langen Müller Verlag GmbH, München
Alle Rechte vorbehalten.
Dieses Werk wurde vermittelt durch die Textbaby Medienagentur, www.textbaby.de
Umschlaggestaltung: Büro Jorge Schmidt, München
Satz: Satzwerk Huber, Germering
Druck und Binden: Friedrich Pustet GmbH & Co. KG, Regensburg
Printed in Germany
ISBN 978-3-7844-3602-9

www.langenmueller.de

INHALT

Prolog:
Wir verändern uns 7

I. Teil:
Ansteckende Aufklärung 9

1. Das Imperium schlägt zurück 10
2. Corona geht viral 16
3. Ein Beamter hat zu dienen 21
4. Abschied mit Abstand 27

II. Teil:
Krankes System 33

5. Vorbereitung? Fehlanzeige 34
6. Den Hausarzt besser nicht fragen? 36
7. Der geplante Mangel 40
8. Blinddarm Gesundheitsamt 51
9. Vorgelagert, nachgelagert 91

III. Teil:
Ungesunde Diskussionskultur 141

10. Drohen statt erklären......................... 142
11. (Quer-)Denken erlaubt? 151
12. 25 Narrative, die Sie hinterfragen sollten 171

Epilog:
Unser altes Leben ist vorüber 225

Dank 231

Prolog: Wir verändern uns

Anlässlich eines Tagebuchinterviews mit der *Süddeutschen Zeitung* sagte ich am 6. April 2020 Folgendes:
»Es ist ja gut, dass die Menschen beim Einkaufen inzwischen Abstand halten und Masken tragen. Für mich ist das aber auch ein Bild, das eine böse Vorahnung weckt. Wir werden uns verändern, wir werden ängstlicher, wir entfernen uns voneinander. Viele werden einen Schaden davontragen, vor allem psychisch labile Menschen. Ich sehe nicht nur hoffnungsfroh dem Ende der Krise entgegen. Sondern auch mit großer Sorge.«

Nun ist es sicher nicht so, dass ich mit einer prophetischen Gabe gezeichnet wäre. Was ich aber besitze, ist eine große Menschenkenntnis. Ich bemerke relativ schnell Stimmungsschwankungen bei Menschen und in Situationen allgemein. Ich spüre auch schnell, wenn jemand Angst hat. Während meiner Tätigkeit als Arzt hat mir diese Eigenschaft oft geholfen.

Zum Zeitpunkt des Interviews waren wir bereits einige Wochen inmitten der Pandemie, und ich bemerkte in vermeintlich unbedeutenden Situationen, dass sich die Menschen veränderten. Spontane Umarmungen blieben aus, traf man sich im Supermarkt, so hielt man gebührend Abstand, die ersten Diskussionen über die Sinnhaftigkeit bestimmter Maßnahmen wurden viel intensiver und heftiger geführt, als das in anderen Bereichen jemals der Fall gewesen wäre. Auch die Nervosität in der Politik war zu spüren, und das war ein ganz und gar ungutes Zeichen. Denn wenn Politiker nervös werden, dann neigen sie zu unüberlegten Schnellschüssen.

Der *SZ*-Redakteur fragte mich noch, ob ich das nun ernsthaft sagen wollte und ob es nicht was Positives als Ausblick zu berichten gäbe. Mir fiel leider nichts Positives ein; und traurigerweise lag ich mit meiner Einschätzung gar nicht so falsch.

Die in diesem Buch beschriebenen Situationen sind wahr. Die Geschichten mit den fiktiven Figuren basieren auf wahren Tatsachen. Allerdings musste ich die Personen und manche Aussagen so verändern, damit weder die Protagonisten erkannt noch dienstliche Geheimnisse enthüllt werden. Mir wäre es auch lieber, wären manche Dinge nicht so passiert. Aber sie sind es und verdeutlichen die Lücken in diesem System. Mit meinen Schilderungen sollen keine Pauschalurteile gefällt werden. Aber es ist mir doch wichtig, meine Meinung deutlich zu machen und Missstände aufzuzeigen, aufgrund derer alles begann.

I. TEIL: ANSTECKENDE AUFKLÄRUNG

1. Das Imperium schlägt zurück

Der Anruf kam unverhofft. Am 3. November 2020, etwa gegen zehn Uhr, teilte mir die Regierung von Schwaben mit bürokratischer Nüchternheit mit, dass ich nun den Job als Amtsleiter des Gesundheitsamtes Aichach-Friedberg los sei und bereits am kommenden Montag meinen Dienst am Bayerischen Landesamt für Gesundheit und Lebensmittelsicherheit (LGL) aufnehmen müsse. Das LGL war mir bereits bekannt, denn vor meiner Amtsübernahme in Aichach-Friedberg hatte ich am LGL die Spezialeinheit Infektiologie/Flughafen und den Bereich Epidemiologie geleitet.

Nun würde ich am LGL dringend gebraucht. Zunächst solle ich abgeordnet werden, das Ziel sei aber eine dauerhafte Versetzung. Dass ich damit nicht einverstanden war, wurde zwar zur Kenntnis genommen, trotzdem flatterte ein schriftlicher Bescheid zwei Tage später ins Haus. Im typischen Amtsdeutsch begründete man die Abordnung damit, dass meine langjährigen Erfahrungen zum Aufbau eines neuen Bereiches erforderlich seien.

An diesem Tag vermeldete das Robert Koch-Institut (RKI) 19.900 Neuinfektionen in Deutschland. Also fast die Zahl, die Bundeskanzlerin Merkel bis Weihnachten prognostiziert hatte. Die Meldezahl der Positiven in der Woche, in der ich über meine plötzliche Abordnung informiert wurde, lag bei circa 250 Fällen. Zum Vergleich: Im gesamten Oktober hatten wir nur etwa 450 Fälle. Und genau in dieser Situation sollte ich die Leitung meines Gesundheitsamtes abgeben? Aufgrund von dringenderen Aufgaben? Man kann sich in etwa vorstellen, wie seltsam mir das vorkam, inmitten einer Krise solchen Ausmaßes. Für mich war völlig klar, dass ich nun strafversetzt werden sollte.

Mein Team und ich arbeiteten bereits seit Wochen am Anschlag. Auch in Zeiten vor Corona beschäftigten sich die Gesundheitsämter schließlich viel mit Infektionsschutz. Vor allem im Winter wurden die sogenannten meldepflichtigen Erkrankungen wie beispielsweise Influenza oder Norovirus-Infektionen an uns gemeldet und entsprechend bearbeitet. Die Tuberkulose beschäftigte die Mitarbeiter des Infektionsschutzes ganzjährig gleich stark.

Neben dem Infektionsschutz hatten die Hygienekontrolleure zahlreiche Überwachungsaufgaben wahrzunehmen. So mussten die Alten- und Pflegeheime, die Krankenhäuser, die Wasseranlagen und im Sommer die Badeseen kontrolliert werden. Neben diesen nicht gerade wenig aufwendigen Tätigkeiten mussten durch die Ärzte zahlreiche Gutachtenuntersuchungen an angehenden oder kranken Beamten durchgeführt werden.

Zudem kommt einem Gesundheitsamt noch eine sozialmedizinische Aufgabe zu: Jährlich müssen angehende Schulkinder zur sogenannten Schuleingangsuntersuchung. Diese Aufgabe wird in der Hauptsache von den Fachkräften der Sozialmedizin übernommen. Neben den bereits genannten Mitarbeitern braucht es natürlich auch noch Mitarbeiter für die allgemeine Verwaltung.

Mit Beginn der Pandemie waren all diese Aufgaben vergessen: Es wurde nur noch Corona bearbeitet. Alles andere setzte man bis auf Weiteres aus.. Das war ein Fehler, denn gerade die Alten- und Pflegeheime hätten dringend mehr Expertise und fachliche Beratung gebraucht. Doch die Ermittlung der positiv Gemeldeten und deren Kontaktpersonen fraß alle Zeit und sämtliches Personal auf. Wir mussten bereits in Schichten arbeiten, um die Ermittlung der positiven Meldungen und deren Kontaktpersonen rechtzeitig vornehmen zu können. Für andere Aufgaben war keine Zeit mehr. Ende Februar, Anfang März fanden die letzten Begehungen einiger Heime statt. Auch deshalb, weil es ein vorübergehendes Betretungsverbot dieser Heime gab.

Und so hatten mein Team und ich durch Corona bereits unzählige Überstunden durch Dienste an den Wochenenden oder durch längere Arbeitstage angesammelt, während die Pandemie immer weiter Fahrt aufnahm.

In unserem Team waren wir hervorragend aufeinander eingespielt. Man wusste um meine Linie als Vorgesetzter, und ich kannte die Mitarbeiter und ihre Eigenheiten, Stärken und Schwächen, die nun mal jeder von uns hat.

Ich verstand mich immer schon als Teamplayer. Eine Führungsrolle innezuhaben, bedeutet für mich nicht automatisch, dass ich nicht mehr am Tagesgeschäft teilnehme. Natürlich hatte ich als Chef, wie mich die Mitarbeiter nannten, auch noch andere Aufgaben, Krise hin oder her. Ich führte Personalgespräche, änderte und passte Verwaltungsabläufe an. Sehr zeitraubend waren auch die sogenannten großen Besprechungen im Landratsamt, an denen alle Abteilungsleitungen und sonstige wichtige Personen in einer Krise teilnahmen. Trotzdem versuchte ich immer wieder, im Team mitzuarbeiten, auch um die Abläufe nicht aus den Augen zu verlieren und Probleme besser verstehen zu können. Und um Lösungswege – falls nötig – aufzuzeigen.

Wir waren also ein eingeschworener Haufen mit einem starken Teamgeist, und das machte mir den Abschied besonders schwer.

Als ich nach jenem Telefonat den Hörer sinken ließ, atmete ich tief durch und überlegte, was nun zu tun war. Zunächst einmal hieß es: Situation annehmen. So war es nun, und es blieb mir nichts anderes übrig, als mich dem zu stellen, was mir gerade mitgeteilt wurde. Als Erstes wollte ich mein Team darüber informieren. Keinesfalls sollte die Pressemitteilung der Regierung von Schwaben, die kurze Zeit später an die Medien ging, mir zuvorkommen.

Zunächst griff ich aber erneut zum Hörer und rief meine Stellvertreterin an. Mit ihr pflegte ich eine überaus wertvolle und wertschätzende Zusammenarbeit, weshalb sie es als Erste erfahren sollte. Natürlich war sie nicht besonders erfreut und machte sich sogleich Sorgen um mich. Ich bat sie, das Team für eine Besprechung in zehn Minuten zusammenzutrommeln.

Als alle, natürlich unter Berücksichtigung der Infektionsschutzregeln, zusammengekommen waren, schilderte ich kurz und knapp die Situation. Eisiges Schweigen herrschte, und da jeder eine Maske trug, waren die Gesichtsregungen nicht erkennbar. Es war aber zumindest auszumachen, dass niemand vor Freude lachte.

Einige meiner Mitarbeiter blieben nach Beendigung der Besprechung sitzen. Keiner konnte glauben, was gerade geschehen war, verstehen sowieso nicht. Die Stimmung, nach so langer Zeit der Arbeit am Limit ohnehin angespannt, war mit einem Mal tief im Keller, die letzte Motivation, die man aus dem Zusammenhalt untereinander und gutem Zureden geschöpft hatte, erloschen.

Zugleich wusste ich, dass es sinnvoll war, die Sache möglichst schnell und klar zu beenden, ohne noch zwecklose Diskussionen um Wenn und Aber zu führen. Ich nahm mir also die darauffolgenden Tage frei und kam nur noch sporadisch ins Büro, um meine Sachen zu packen und mit meiner Stellvertretung ein paar Dinge abzuklären.

Das war's.

Bedauerlicherweise unterstützte mich die Lokalpolitik nicht. Man hätte durchaus erwarten können, dass sich Politiker in einer solchen Krise zumindest mit einem Mindestmaß einbringen würden, wenn der Amtsleiter eines Gesundheitsamtes so kurzfristig versetzt werden sollte. Aber falsch gedacht.

Nach meinen ersten kritischen Äußerungen in überregionalen Medien waren es gerade die Kommunalpolitiker der Grünen gewesen, die meinen Kopf gefordert hatten. In Leserbriefen und Pressemitteilungen machten sie mich nun nach Bekanntwerden meiner Abordnung plötzlich für die steigenden Zahlen der positiv Getesteten im Landkreis verantwortlich. Wie lächerlich. Denn in diesem Zeitraum stiegen die Zahlen in fast jedem Landkreis Bayerns. Die Karte auf der RKI-Webseite zeigte Bayern in einer einzigen knallroten Farbe, weil so gut wie überall die sogenannten Inzidenzgrenzwerte gerissen wurden. Insofern war die Logik der Grünen nicht schlüssig, denn ich war natürlich nicht für jeden Landkreis verantwortlich.

Auch ein CSU-Landtagsabgeordneter fand auf seiner sozialen Plattform, aber auch in den Medien kritische Worte über mich ... Meine Abordnung sei die richtige Entscheidung gewesen, ließ er die Medien wissen, und auf Facebook äußerte er Unverständnis, weil ich die Lage als überdramatisiert bezeichnete und immer wieder auf die nicht evidenzbasierte Schutzwirkung von Community-Masken hinwies. Sein Vorwurf war, ich würde mich damit meinem Dienstherrn gegenüber »grob illoyal« verhalten. Das sagt natürlich schon viel über das Demokratieverständnis und die Haltung zur Meinungsfreiheit eines Landtagsabgeordneten aus. Zumal der Politiker kein Fachmann auf diesem Gebiet ist.

Dafür setzte sich der Politiker sogleich heftigem Gegenwind seitens der Bürger aus, was an den Kommentaren unter seinen Beiträgen gut erkennbar war. Einige Bürger forderten die Rücknahme meiner Abordnung und kritisierten den Umgang mit der Meinungsfreiheit. Überhaupt waren es viele Bürger, die mich unterstützten. Zahlreiche Mails und Briefe bekam ich, fast alle waren zustimmend und anerkennend. Als meine Abordnung öffentlich bekannt wurde, gab es Aktionen mit Teddybären vor dem Landratsamt, es zog sogar die eine oder andere Demonstration durch meinen sonst so beschaulichen Wohnort, in der sich die Menschen mit mir solidarisch erklärten.

Bemerkenswert fand ich auch, dass sich mehrere Hundert Ärzte für mich einsetzten. Zwei bekannte Kinderärzte aus München schrieben einen offenen Brief an die Bayerische Staatskanzlei und an das Gesundheitsministerium und forderten die Rücknahme meiner Versetzung sowie die Zulassung der freien Meinungsäußerungen und einen wissenschaftlichen Diskurs. Dieses Schreiben wurde von über dreihundert Ärzten und Wissenschaftlern unterzeichnet. Auch andere Ärzte solidarisierten sich mit weiteren Schreiben und Unterschriften, was mich sehr freute. Es hatte natürlich keinerlei Wirkung, aber die Geste zählte und bedeutete mir sehr viel.

2. Corona geht viral

Die Pandemie mit dem Erreger namens SARS-CoV-2 hatte Deutschland, Europa und den Rest der Welt im Griff. Seit Februar 2020 war kein Tag ohne neue Meldungen über das sogenannte Coronavirus vergangen. Ein regelrechter Hype entstand. Die Medien stürzten sich darauf, die Politik musste reagieren. Keine Partei, kein Politiker wollte für auch nur einen Toten verantwortlich gemacht werden.

Bereits Ende 2019, vermutlich zuerst in China, war die neuartige Infektionskrankheit COVID-19 aufgetreten. Und sie hatte sich so rasend schnell verbreitet, dass sie die WHO am 11. März 2020 als Pandemie einstufte. Wichtig dabei ist, sich in Erinnerung zu rufen, dass das Wort Pandemie zunächst die unkontrollierte Ausbreitung einer Erkrankung über mehrere Kontinente hinweg meint und damit noch nichts über deren Gefährlichkeit ausgesagt ist.

In Deutschland waren die ersten Fälle bereits Ende Januar 2020 nachgewiesen worden. Grundlagen zur Beurteilung einer Pandemie und deren Verlauf sind die Anzahl der gemeldeten Neuinfektionen, der Anteil schwerer und tödlicher Krankheitsverläufe, die Anzahl derer, die von einem Infizierten angesteckt werden und natürlich die Ressourcenbelastung des Gesundheitswesens.

Hinzu kamen die ersten erschreckenden Bilder aus Italien. Offiziell verstarben in Italien zwischen dem 20. Februar und 31. März 2020 13 710 Menschen an COVID-19. (laut Wikipedia). Aus Bergamo flackerten Bilder mit Lastwagen voller Leichen um die ganze Welt.

Das RKI bewertete das Risiko für die Bevölkerung in Deutschland noch Ende Februar 2020 als »gering bis mäßig«, stufte dieses Risiko dann aber Mitte März als »hoch« und Ende März als »sehr hoch« ein.

Mit Stand 15. April 2021 meldete das RKI bisher 3 073 442 bestätigte Fälle und 79 381 Todesfälle in Deutschland. Diese Zahlen müssen natürlich ins Verhältnis zu etwa 83 Millionen Menschen in Deutschland gesetzt werden. Leider geschah das zu keinem Zeitpunkt. Von Beginn der Krise an konzentrierte sich die Berichterstattung, gefüttert durch namhafte Experten sämtlicher Fachrichtungen, auf positive Fälle von Getesteten, ohne auf die Schwere der Erkrankung zu achten. Und so entstand bereits zu Anfang der Pandemie ein unkontrollierbarer Zahlensalat, der die Bevölkerung und leider auch den Großteil der Medien in die Irre führte.

Der Öffentliche Gesundheitsdienst musste auf diese Krise reagieren, und er tat es; viel zu spät und wohlgemerkt auf seine ganz eigene Art. Denn als die ersten Besprechungen anberaumt wurden, waren die meisten Gesundheitsämter bereits völlig überlastet, vor allem, weil es an Personal und technischer Ausstattung fehlte. Denn das neue Virus traf nicht nur eine in Sachen Immunität inkompetente Bevölkerung, das Virus traf auch auf einen völlig unvorbereiteten Öffentlichen Gesundheitsdienst.

Der Mann trug einen dunkelgrauen Anzug, die dunkle Brille hob sich von seiner blassen Gesichtsfarbe ab. Als er das Podium betrat, wurde es still. Er hatte die Chefs und Chefinnen der Gesundheitsbereiche in ihrem Zuständigkeitsbereich kurzfristig eingeladen. Jeder im Saal wusste, dass es sich um ein topaktuelles Thema handelte.

Der Mann rückte energisch das Mikrofon zurecht, tippte einige Male darauf und räusperte sich gekünstelt: »Sehr geehrte Damen und Herren, das neue Koronar-Virus stellt uns vor große Herausforderungen.«

Hatte Herr Langenberger, der eine leitende Position im zuständigen Ministerium innehatte, tatsächlich gerade Koronar gesagt, mit Betonung auf der letzten Silbe und einem schnarrenden r am Ende?

Es wurde zwar zu dieser Zeit schon vermutet, dass dieses neuartige Virus, namens SARS-CoV-2, auch die Herzkranzgefäße, also die Koronargefäße, angreift.

Doch das Virus hieß umgangssprachlich immer noch Corona-Virus. Jedes Kind wusste das inzwischen.

Um das eben Gesagte noch zu untermauern, fuhr Langenberger fort: »Die Zahlen in unserem Land sprechen eine deutliche Sprache. Das neue Koronar-Virus wird viele Todesopfer fordern. Sie stehen an der Front und werden kämpfen müssen.«

Er sagte es schon wieder. Koronar. Diesmal gab es keinen Zweifel mehr: Der Abteilungsleiter des Ministeriums hatte keine Ahnung, wovon er sprach. Die Zuschauer im Saal begannen vorsichtig zu tuscheln, dann zu lachen. Langenberger reagierte irritiert. Seine Stimme wurde schriller, als er um Ruhe bat. Ohne Erfolg. Das Publikum war nicht mehr zu halten.

Nachdem die ersten Lacher verflogen waren, stand ein Mitarbeiter auf und verlangte mit einer Handbewegung nach dem Mikrofon.

Er stellte nur eine Frage: »Bitte, Herr Langenberger, könnten Sie uns freundlicherweise Ihre wissenschaftlichen Erkenntnisse über dieses neuartige Virus darlegen? Sie haben ja mit allergrößter Ausführlichkeit auf die potenziellen Gefahren hingewiesen, weshalb wir nun auch angewiesen wurden, den Maßnahmenkatalog aus Ihrem Ministerium zu befolgen.«

Im Saal wurde es still. Das war nicht nur irgendeine Frage. Sie hatte Sprengkraft, denn jeder im Raum wusste, dass Herr Langenberger diese Frage nicht beantworten konnte. Zum einen hatte er gerade selbst den Beweis erbracht, dass er sich mit diesem Virus noch wenig beschäftigt hatte, zum anderen waren die wissenschaftlichen Erkenntnisse bislang sehr überschaubar. Natürlich wusste der Fragesteller das alles, bevor er die Frage laut formuliert hatte.

»Wir stehen gerade erst am Anfang dieser Situation«, begann Langenberger vorsichtig zu antworten. »Hierbei handelt es sich um ein dynamisches Geschehen, und wir lernen von Tag zu Tag hinzu.«

Und jetzt kam es. »Das sind allerdings nur, und das im besten Falle, Lebensweisheiten und keine wissenschaftlichen Erkenntnisse«, antwortete der Mitarbeiter, so als spreche er über das Wetter. »Wenn ich schon diese Maßnahmen der Bevölkerung nahebringen muss, dann würde ich doch wenigstens gerne die wissenschaftlichen Hintergründe erfahren.«

Neben Langenberger erhob sich nun ein langer und schlaksiger Mann, um ihm zu Hilfe zu kommen:

»Sie wissen genau, dass es noch sehr wenige Daten über dieses Virus gibt. Die Wissenschaft steht am Anfang, gleichwohl müssen unsere Behörden nun reagieren. Das ist im Übrigen auch ganz klar der politische Wille. Lassen Sie uns deshalb vereint zusammenstehen und nun die Maßnahmen vollziehen. Das Ministerium braucht Ihre Unterstützung, die Bevölkerung benötigt Ihre Hilfe.«

»Würden Sie mir bitte diesen politischen Willen erläutern? Bedeutet das nun, dass wir uns von unserer Fachlichkeit verabschieden und nur noch als verlängerter Arm des Ministeriums dienen?«

Nun schwoll sichtbar eine Ader an der Schläfe des kantigen Amtschefs an. »So eine Unterstellung möchte ich hier nicht mehr hören. Gehen Sie nicht zu weit!«

Der Mitarbeiter ruhte wie ein Fels inmitten seiner Kolleginnen und Kollegen und regte sich nicht. Nichts deutete darauf hin, *dass er nervös oder unsicher wurde. Er stand nur da und blickte regungslos auf den drahtigen Amtschef. Dieser starrte wütend zurück. Herr Langenberger schien im Boden versinken zu wollen.*

Überraschenderweise war es der Fragesteller, der sich schließlich zurückzog: »*Wir verschwenden hier nur unsere Zeit, schließlich ist jetzt Mittagspause*«, *seufzte er, gab das Mikrofon ab und setzte sich wieder.*

»*Nun gut*«, *meinte der Amtschef des Ministeriums zögerlich,* »*dann wünsche ich Ihnen einen guten Appetit. Und einen erfolgreichen Nachmittag.*«

Mit diesem Wissen drang die Krise samt Virus offiziell in die Gesundheitsämter ein. Wir waren nicht vorbereitet. Weder personell noch fachlich und schon gar nicht technisch.

Um diese vielleicht etwas verstörende Aussage nachvollziehen zu können, werden wir in einem späteren Kapitel einen genaueren Blick auf die Struktur der Gesundheitsämter insgesamt werfen.

3. Ein Beamter hat zu dienen, nicht zu kritisieren

Aber wie kam es nun dazu, dass ich als Leiter eines Gesundheitsamtes inmitten der, wie uns von allen Seiten versichert wird, größten Krise der Bundesrepublik seit dem Krieg abgesetzt wurde?

Bereits seit März 2020 stand mein Gesundheitsamt viel stärker im Fokus und im Licht der Öffentlichkeit als in normalen Jahren. Häufig war die Expertenmeinung zu dem sich immer schneller entwickelnden Geschehen gefragt, und ich gab bereitwillig Auskunft und führte Interviews mit verschiedenen Medien. Die Nachfragen zum Thema Corona waren groß, und meine persönliche Überzeugung war es seit jeher, dass sich Führungskräfte fachlich äußern müssen.

Nun gibt es darüber bei meinen Kollegen unterschiedliche Auffassungen, wie und ob man überhaupt nach außen kommuniziert. Manche Amtsleiter schweigen. Die Gründe kenne ich nicht, ich kann sie nur vermuten. Im besten Falle möchten diese Kollegen nicht ihren Namen in der Zeitung lesen, erst recht nicht im Zusammenhang mit einer möglicherweise kritischen Aussage.

Andere Kollegen hingegen lassen die Öffentlichkeitsarbeit über die Pressestelle erledigen. Das ist natürlich ein legitimer Weg, jedoch kann die Pressestelle bei Gesprächen weniger gut auf fachliche Fragen reagieren, da es ja meist gerade an dieser Fachlichkeit fehlt. Und sämtliche Anfragen, vor allem in einer akuten Situation, schriftlich zu beantworten, ist zeitlich kaum möglich.

Zudem sind medizinische Sachverhalte doch komplexer, als es auf den ersten Blick scheint.

Ich hatte bis dahin sehr gute Erfahrungen mit den Medien gemacht. Vor allem mit den regionalen Zeitungen waren der Austausch und die Kommunikation von Vertrauen geprägt. Auch die überregionalen Zeitungen, Fernseh- und Radiosender berichteten fair und meist fachlich sauber. Mit der Pressestelle im Landratsamt gab es die Absprache, dass ich mich zu fachlichen Themen auch äußern könne, ohne vorher um Erlaubnis fragen zu müssen. Dies ist keine Selbstverständlichkeit. Ich kenne einige Ämter, in denen ohne vorherige Absprache nicht mit den Medien gesprochen werden darf. Ich wusste es also sehr zu schätzen, dass man mir diese Freiheit gegeben hatte. Zugleich hielt ich dies in gewisser Weise auch für selbstverständlich und wichtig.

Ich entschied mich also meinem Naturell entsprechend für eine offene Kommunikation mit den Medien, weshalb ich auch immer wieder in den Zeitungen zitiert wurde. Bereits vor Corona hatte ich ja fachliche Meinungen zu bestimmten Themen geäußert. So hatte ich mich im Jahr 2019 bereits öffentlich gegen das neue Masernschutzgesetz positioniert. Das schlug allerdings keine hohen Wellen, denn niemand interessierte sich in dieser Zeit sonderlich für die Masern.

Nun, seit Beginn der Pandemie, war alles anders.

Beim Thema Corona hatte ich mich früh öffentlich gegen die Zählung der sogenannten Neuinfizierten durch PCR-Tests, gegen den PCR-Test selbst, gegen die Inzidenzgrenzen sowie gegen andere Maßnahmen positioniert.

Die Corona-Warn-App, die unter großem Beifall und politischem Getöse im Juni 2020 präsentiert wurde, wollte ich nicht bewerben. Ich ließ mich in den Zeitungen zitieren, dass ich mir diese App weder herunterladen noch diese empfehlen würde. Sie machte für uns Gesundheitsämter keinen Sinn. Ich empfahl auch, dass man unbekümmert in den Urlaub fahren solle und nicht unbedingt zu Hause bleiben müsse. Eine meiner Thesen war, dass es an der Adria – hinsichtlich einer möglichen Coronainfektion – sicherer sei als in Bayern. Denn in der Ferienzeit (Pfingsten und Sommer 2020) hatten wir in Bayern einige große Ausbrüche zu verzeichnen, die uns der Statistik nach zu einem immensen Risikogebiet machten.

Ein regionaler Medienwirbel um meine Person formierte sich, als auf einem örtlichen Agrarbetrieb rumänische Saisonarbeiter positiv getestet wurden. Nicht wenige Bürger und Politiker forderten die sofortige Schließung des Betriebes. Alle Saisonarbeiter sollten in Quarantäne gehen. Ich vertrat dazu eine andere fachliche Auffassung, denn warum sollte ich sofort den Betrieb schließen und alle Saisonkräfte in Quarantäne schicken, wenn ein schlüssiges und sauber umgesetztes Hygienekonzept existierte?

Dieses Hygienekonzept sah beispielsweise eine strikte Trennung der einzelnen Arbeitsgruppen und der Wohnbereiche vor, sodass sich nicht alle Saisonkräfte untereinander vermischen konnten. Insofern war eine Übertragung des Virus auf alle Saisonkräfte sehr unwahrscheinlich. Und in diesem Zusammenhang kritisierte ich die Interpretation von positiven PCR-Ergebnissen und deren Konsequenzen, weshalb ich wiederum ziemlich stark von Bewohnern des Landkreises, aber vor allem von meinen Fachvorgesetzten kritisiert wurde. Dieser Vorgang brachte mich zum Umdenken.

Mir wurde langsam klar, dass sowohl die Bevölkerung als auch die Politiker viel zu wenig über dieses Thema aufgeklärt waren. Und dass alle so taten, als sei das Gegenteil der Fall, machte es noch schlimmer.

Das Thema Corona war für mich seit Februar 2020 beruflich omnipräsent gewesen. Es kamen täglich viele Anrufe und E-Mails, die es zu beantworten galt. Mit meinem Team besprach ich einige wiederkehrende Fragen, auch deshalb, damit wir unsere Antworten angleichen konnten. Betriebe wünschten sich vom Gesundheitsamt die Erstellung von Hygieneplänen, Privatpersonen riefen an und wollten über Verhaltensregeln aufgeklärt werden. Urlauber aus Österreich und Italien begaben sich freiwillig in Quarantäne und verlangten anschließend eine Bestätigung dafür. Diese konnte ich aber nicht ausstellen, denn wir hatten diese Menschen nicht in Quarantäne geschickt. Andere wiederum bettelten förmlich darum, endlich in Quarantäne geschickt zu werden, weil sie so Angst vor diesem Virus hatten, und in Quarantäne müssten sie eben keinen Urlaub nehmen, um daheimbleiben zu können.

Ärzte und medizinische Fachkräfte ersuchten Rat, und sogar die Bestattungsinstitute hatten Fragen, wie man zukünftig mit Leichen umzugehen habe.

Auffällig war tatsächlich, wie ängstlich die Menschen waren. In der Bevölkerung machte sich eine Unsicherheit breit, die mir ganz und gar nicht gefiel. Ich hatte den Eindruck, dass viele ein Risiko nicht mehr vernünftig einschätzen konnten. Vor allem wichtige Personen des öffentlichen Lebens waren plötzlich vollkommen kopflos und teilweise gar panisch. Lehrer, Schulleiter, Erzieher, Ärzte, Polizisten, Firmenchefs und so fort hatten Unmengen an Fragen. Mir fiel auf, dass sich auf einmal viele um eine Entscheidung drücken wollten. Mit einem Mal standen die Gesundheitsämter für die breite Bevölkerung als Berater im Fokus. Das war natürlich personell in keiner Weise zu schaffen.

Jedenfalls war nach den Ereignissen und Kontroversen um den Agrarbetrieb das überregionale Interesse der Medien an meiner Person geweckt.

Und so kam es, dass mich der Bayerische Rundfunk und der *Münchener Merkur* um ein Interview baten. Diesem Wunsch kam ich gerne nach. Beide Gesprächspartnerinnen waren sehr angenehm und schrieben tatsächlich das, was ich sagte. Meine Kritik an einigen Punkten der Coronastrategie der Bayerischen Staatsregierung war intern hinlänglich bekannt. In mehreren Besprechungen, aber auch schriftlich, hatte ich mich immer wieder kritisch zu den dann in den Medien genannten Punkten geäußert.

Intern fand ich kein Gehör, hinter vorgehaltener Hand aber sehr viel Verständnis. In vielen Gesprächen mit Kollegen, auch Beamtenkollegen aus anderen Fachdisziplinen, wurde mir offen gesagt, dass sie meine oft von Pragmatismus geprägten Positionen vollständig nachvollziehen könnten. Aber man müsse sich nun mal an die Regeln halten, auch wenn diese keinen Sinn hätten. Denn dafür würde es ja Regeln geben, und diese zu hinterfragen, könne in dieser Zeit schädlich und sogar gefährlich werden, auch für Fachexperten, die sich entsprechend kritisch äußerten.

Sehr ernüchternd fand ich die Aussagen von zwei mir übergeordneten Personen, die mich immer wieder auf den richtigen Kurs bringen wollten. Beide, völlig unabhängig von Ort und Zeit, sagten zu mir, dass die Bevölkerung dringend Führung bräuchte, weil die meisten Menschen sonst vollkommen orientierungslos wären. Und unsere Aufgabe in Leitungs- beziehungsweise Vorbildpositionen im Staatsdienst sei es, den Menschen Führung zu geben. Beim ersten Mal, als ich das zu hören bekam, war ich noch verwundert, aber nicht weniger empört. Als ich aber ein paar Wochen später diese Aussage fast wortgleich wieder zu hören bekam, da wurde mir seltsam zumute. Hielt man die Bevölkerung tatsächlich für so unfähig? Das war dann auch meine Frage an beide Gesprächspartner. Und beide antworteten mit einem entschiedenen Ja. Die meisten Menschen in der Bevölkerung würden geführt werden wollen. Dann bräuchten sie sich nicht darum zu kümmern, wie es weitergeht. Und wir Beamte in leitenden Positionen sollten diese Führung übernehmen und keinesfalls die Menschen mit unterschiedlichen Aussagen verunsichern.

Die Gespräche mit den beiden Personen fanden deshalb statt, weil ich Kritik an den Maßnahmen in der Pandemie öffentlich übte. Besonders kritisierte ich die häufigen Quarantäne- und Isolationsmaßnahmen gegenüber der Bevölkerung. Viele Personen mussten nur aufgrund eines positiven Testergebnisses in Isolation, viele Kontaktpersonen daraufhin in Quarantäne. Da viele der positiv Getesteten keine Symptome zeigten, drängte ich auf eine zusätzliche Bestimmung von anderen Werten in den Laboren, damit eine tatsächliche Ansteckungsfähigkeit erkennbar würde. Meine Kritik wurde abgetan und dafür der Wunsch der Bevölkerung nach Führung in den Mittelpunkt gestellt. In meiner Rolle als Arzt und als Beamter wurde damit bei mir eine rote Linie überschritten.

4. Abschied mit Abstand

Meine letzten Stunden im Amt verbrachte ich mit der Klärung offener Fragen der Mitarbeiter und der Organisation der Abläufe für die nächsten Tage, damit zunächst weitergearbeitet werden konnte. So mussten noch einige Entscheidungen hinsichtlich der Quarantänebetreuung von Kontaktpersonen, besonders bei Schulkindern, sowie die Vorbereitungen zur Einführung der Schnelltests getroffen werden.

Der Anruf mit meiner Strafversetzung war an einem Dienstag erfolgt, Mittwoch und Donnerstag hatte ich freigenommen. Für den Freitag plante ich eine Verabschiedung vom Team und wollte vorher noch eine Pressekonferenz abhalten. Das Interesse der Medien war natürlich durch die Presseerklärung seitens der Regierung von Schwaben geweckt. Ich fand es auch nur fair und meinem Amt entsprechend angemessen, dass ich die Medien über meine Sicht der Dinge aufklären und mich zusätzlich von den Pressevertretern, die ich kannte, verabschieden konnte.

Also plante ich ein Pressegespräch für Freitag, 6. November 2020, den letzten Tag in meinem Amt. Leider musste ich erfahren, dass mir das Landratsamt den großen Sitzungssaal nicht zur Verfügung stellte; es wollte nach Rücksprache mit dem Regierungspräsidenten keinesfalls mit meiner Pressekonferenz in Verbindung gebracht werden. Der große Sitzungssaal war aber notwendig, um die aufgrund der Coronavorschriften erforderlichen Abstände einzuhalten.

Also suchte ich nach Alternativen, und ich fand eine. In den für das Gesundheitsamt zusätzlich angemieteten Räumen gab es ausreichend Platz und Sitzgelegenheiten. Also schickte ich den Medienvertretern eine Einladung für den genannten Termin. Unglücklicherweise hatte ein Medienvertreter eine Rückfrage und wandte sich damit direkt an das Landratsamt. Ob das nun Absicht war? Ich kann es nicht sagen.

Jedenfalls erfuhr das Landratsamt von meinen Plänen und untersagte mir – natürlich nur mündlich –, auch diese Räumlichkeiten für eine Pressekonferenz zu nutzen, da sie ja vom Landkreis angemietet waren. Ob meine Enttäuschung oder mein Unverständnis darüber überwog, kann ich bis heute nicht sagen.

Aber so wollte ich mich keinesfalls abspeisen lassen. Es musste eine Lösung her. Glücklicherweise bin ich mit ein paar guten Fähigkeiten ausgestattet. Dazu gehören ein gewisser Dickkopf und eine außergewöhnliche Stressresistenz.

Mir blieb also nur, es allein durchzuziehen, unabhängig von irgendwelchen Räumlichkeiten und der Beteiligung des Landratsamts. Es war doch ohnehin schon alles für alle digital, also würde ich eine virtuelle Pressekonferenz abhalten. Hierfür müsste man nur ein Programm aufspielen, dann allen Teilnehmern die Zugangsdaten schicken, und fertig wäre die Veranstaltung. Den Strom würden sie mir schon nicht abdrehen.

Leider gehören diese EDV-Angelegenheiten nicht gerade zu meinen Kernkompetenzen, was die Begründung der Strafversetzung – ich müsste die Digitalisierung der bayerischen Gesundheitsämter voranbringen – in meinen Ohren noch lustiger klingen ließ.

Aber ich hatte einen Joker, eigentlich drei, aber der Große hat sich darum gekümmert. Meine drei Buben daddeln wie die Teufel, Computerspiele, Handy, Internet sind ihre Welt. Was lag also näher, als ihre Hilfe zu beanspruchen? Der Älteste übernahm die Angelegenheit sofort. Ruckzuck war das Programm installiert, ein Testlauf verlief ohne Probleme.

Also konnte ich mit einem weiteren Schreiben die Medienvertreter zunächst erneut ausladen, um sie anschließend wieder zu einer virtuellen Konferenz einzuladen. Und das alles mit Abstand und im besten Einklang mit der bestehenden Infektionsschutzverordnung.

An diesem Morgen war ich früh wach. Geschlafen hatte ich gut, aufgeregt war ich nicht wirklich. Eher gespannt. Wie eben bei einem Projekt, das nun in die Endphase geht.

Eine Zeitung titelte am nächsten Tag darüber: »Auf Distanz«. Aber es stimmte. Um Punkt elf Uhr hatten sich viele Medienvertreter via Zoom zugeschaltet. In einer knappen Stunde erklärte ich noch einmal meine Kritikpunkte, den Ablauf der letzten Tage und warum diese Presskonferenz auf diese Weise stattfand.

Zuletzt war es mir ein großes Anliegen, mich bei den Medien, vor allem den regionalen, zu bedanken. Besonders aber dankte ich noch einmal meinem Team. Jeder, der in einer Führungsposition arbeitet, sollte wissen und schätzen, wenn ein Team tatsächlich wie ein Team arbeitet. Ich wusste es, und bei aller Abgebrühtheit, die ich an den Tag legte: Bei meinen Dankesworten hatte ich Tränen in den Augen. Es war nicht der Verlust meines Jobs oder meines Amtes; wenn ich etwas vermissen würde, dann dieses großartige Team.

Im Anschluss an die virtuelle Pressekonferenz gab ich noch weitere Liveinterviews. Diese hielt ich einzeln und auf einer freien Wiese ab, allen Vorgaben entsprechend.

Um etwa 17 Uhr war das letzte Interview durch. So, das war es nun wohl wirklich gewesen.

Ich war raus.

Mein erstes freie Wochenende seit Wochen konnte beginnen, und ich begann über das, was da passiert war, in Ruhe nachzudenken.

Meine Strafversetzung hatte gezeigt, wie gefährlich sachliche Argumente in diesen Zeiten der uneingeschränkten Meinungsfreiheit sein können. Zu keiner Zeit war oder bin ich ein Verschwörungstheoretiker, Reichsbürger, Coronaleugner, Impfgegner oder was man sonst noch in diesen Tagen an den Kopf geknallt bekommt, nur weil man sich kritisch gegen die Maßnahmen der Politik stellt. In einem Interview hatte ich es schon mal so formuliert: Auch wenn es mich meine Karriere kostet, ich werde nicht schweigen. Ja, meine Karriere war an diesem Tag zu Ende. Denn mir war klar, dass keinesfalls eine glorreiche und besser bezahlte Aufgabe auf mich wartete. Dafür war ich bereits viel zu lange im Staatsdienst tätig. Ich wusste, dass man mich auf das Abstellgleis geschoben hatte. Vielleicht hoffte man auch ein bisschen, dass ich nun müde wurde, vielleicht sogar beeindruckt ob dieser Abordnung.

Frau Merkel hatte gerade in diesen Tagen, in denen ich dieses Buch zu schreiben begann, verlauten lassen, dass alle »Querdenker« Hilfe von Psychologen bräuchten, um ihr Weltbild zu verändern. Damit steigt die Kanzlerin in die Welt der Stigmatisierung, der Ausgrenzung und Diskreditierung ein. Denn dies sind die typischen Werkzeuge eines Staates, der keinen Widerspruch zulässt und den Boden einer sachlichen Auseinandersetzung verloren hat.

Als ich mit 19 Jahren zur Bundeswehr ging, schwor ich einen Eid auf unsere Verfassung. Seit dieser Zeit habe ich mich für Menschen, Freiheit und Demokratie eingesetzt. Zeitlebens war ich politisch interessiert und habe mit Spannung und Freude so manche politische Debatte und Wahlen verfolgt. Ich war froh und dankbar, in einem Land mit einem funktionierenden Rechtsstaat leben zu dürfen.

Nun aber hatte ich das Gefühl, dass diese Grundpfeiler nach und nach verschwinden würden, und das innerhalb von nur wenigen Monaten. Die Freiheitsrechte wurden mehr und mehr eingeschränkt, egal ob durch unsinnige und fachfreie Quarantäneanordnungen oder durch die Maßnahmen der Politik selbst. Jeder Bürger hat im vergangenen Jahr viel aufgegeben, auch verloren, und von daher ist es nur ein legitimes Recht jedes Einzelnen, die bisherigen Maßnahmen und die Strategie der Politik hinterfragen zu dürfen.

Fakt ist, dass wir mit diesem Virus leben müssen. Es wird nicht verschwinden. Ähnlich wie Grippe- und andere Coronaviren wird uns auch dieses Virus bleiben. Insofern ist es aus meiner Sicht sehr entscheidend, wie wir in Zukunft damit umgehen werden. Mir ist aber immer wichtig zu hinterfragen: Wie viele Menschen haben tatsächlich Krankheitssymptome, wie viele Menschen sterben direkt daran, und wie viele schwere Krankheitsverläufe haben wir.

Der derzeitige Parameter, der sogenannte Inzidenzwert, besteht lediglich aus der Zahl der positiv Getesteten, daraus werden alle Maßnahmen abgeleitet Und diese Zahl eignet sich aus epidemiologischer Sicht nicht, um derartige Maßnahmen zu beschließen. Bewegungsfreiheit, Treffen und Feiern, Sport- und Freizeitanlagen, Urlaube, Kultur- und Kirchenveranstaltungen und vieles mehr werden verboten, eingeschränkt oder geschlossen. Im Gesundheitssektor werden nicht mehr alle Therapiehilfen angeboten, wichtige Beratungen für psychisch Erkrankte, Jugendhilfen, Sozialhilfen und so weiter finden teilweise nur sehr eingeschränkt statt.

Eine unbekannte Anzahl von Menschen verliert aufgrund dieser Maßnahmen ihre berufliche Existenz. Warum? Weil sie als Selbstständige von den Schließungen betroffen sind, oder weil Firmen sie aufgrund der schlechten Auftragslage ausstellen. Wir opfern also unsere Freiheit und unser altes Leben aufgrund von nur positiven Testergebnissen, ohne einen Blick auf die Schwere der Erkrankung zu werfen. Das ist falsch! Und das wollte ich auch so nicht mehr schweigend mitverantworten!

II. TEIL: KRANKES SYSTEM

5. Vorbereitung? Fehlanzeige

Bereits Ende Dezember 2019 wurden Pressestimmen laut, die über eine unbekannte Lungenentzündung in China berichteten. Nach Recherchen von tagesschau.de unterrichtete das internationale Frühwarnsystem ProMED bereits Ende Dezember das Robert Koch-Institut in Berlin über die Häufung von Erkrankungsfällen in China.

Im Januar 2020 traten in Deutschland die ersten Fälle auf. Vermutlich war zum Zeitpunkt der ersten Diagnosen das Virus schon längst in Deutschland unterwegs. Es wurde nur nicht gezielt nachgewiesen. Da die Symptome von einer Grippe kaum zu unterscheiden sind, gab es auch keinen Verdacht auf eine unbekannte Erkrankung. Deshalb muss angenommen werden, dass das Virus SARS-CoV-2 schon länger unter uns war.

Der Bundesgesundheitsminister und andere Fachexperten kamen in den ersten Wochen zu der Einschätzung, dass der Verlauf des Infektionsgeschehens deutlich milder als bei der Grippe sei. So feierte noch im Februar 2020 ganz Deutschland, obwohl die Zahl der Fälle weltweit angestiegen war, Karneval und Fasching. Zudem fand der politische Aschermittwoch statt – mit Bier und unter reger Anteilnahme. Das Tragen von Mund- und Nasenschutz im Alltag wurde von den Experten und Politikern nicht empfohlen. Noch am 15. März 2020 fanden die Kommunalwahlen in Bayern wie geplant statt. Natürlich mit entsprechenden Auflagen und Sicherheitsvorkehrungen. Am 16. März 2020 rief Bayern dann den landesweiten Katastrophenfall aus, und am 22. März 2020 trat der erste Corona-Lockdown in Kraft.

Zu diesem Zeitpunkt kämpfte ganz Deutschland bereits mit einem Problem: Es fehlte an ausreichend Schutzmasken und Schutzanzügen sowie an Desinfektionsmitteln.

Wie kann es sein, dass Deutschland noch feierte, ein Bundesland Wahlen abhielt, während fast zeitgleich das medizinische Personal ohne persönliche Schutzausrüstung (PSA) und ohne Desinfektionsmittel war?

Und das, obwohl bereits ein Rahmenkonzept des RKI mit Hinweisen für medizinisches Fachpersonal und den Öffentlichen Gesundheitsdienst in Deutschland mit dem schönen Titel »Epidemisch bedeutsame Lagen erkennen, bewerten und gemeinsam erfolgreich bewältigen« vorlag?

Die Antwort ist so einfach wie erschreckend: Deutschland war auf eine Pandemie nicht vorbereitet. Es existierten Pläne und Konzepte, aber eine kritische Auseinandersetzung in der Praxis fand nicht statt.

Doch wie kann das sein? Deutschland lag 2019 noch auf Platz 18 der reichsten Länder der Welt. Da sollte doch zu erwarten sein, dass ein Mindestmaß an Vorbereitung getroffen wird.

Warum wurden plötzlich die Intensivbetten in Deutschland knapp? Das erste und oberste Ziel der Pandemiebekämpfung in Deutschland war ja, die Überlastung des Gesundheitssystems zu vermeiden. Warum bestand die Sorge einer Überlastung überhaupt?

Werfen wir mal einen Blick auf die bereits oben angerissenen Gesundheitsstrukturen in Deutschland.

In Deutschland steht das Gesundheitssystem im Wesentlichen auf drei Säulen.

Im kurativen Bereich findet sich die ambulante Versorgung durch die Hausärzte und Fachärzte in den Praxen, daneben die stationäre Versorgung in den Krankenhäusern. Ambulante und stationäre Versorgung stellen also die ersten beiden Säulen dar.

Die dritte Säule wird durch den Öffentlichen Gesundheitsdienst repräsentiert.

6. Den Hausarzt besser nicht fragen?

Doch, Ihren Hausarzt sollten Sie unbedingt fragen. In Deutschland ist die hausärztliche Versorgung wirklich gut. Hausärzte sind Fachärzte, überwiegend für Allgemeinmedizin. Das wissen viele Patienten nicht. Dadurch erscheinen diese Kollegen oft in einem falschen Licht. Es gibt natürlich auch internistisch ausgebildete Hausärzte, also Fachärzte der Inneren Medizin, die sich dann hausärztlich niederlassen. Den Überblick bei all diesen Bezeichnungen zu behalten, ist nicht einfach, vor allem für Nichtmediziner. Mich stört, wenn ausgewiesene Fachärzte als Hausärzte beschrieben werden und es dann immer in den Medien heißt, dass man sich an den Hausarzt oder Facharzt wenden solle. Wie gesagt, Hausärzte sind Fachärzte und hervorragend qualifiziert.

Leider unterliegen sie als zugelassene Kassenärzte ziemlichen Restriktionen und können ihre anvertrauten Patienten nicht immer mit der ausreichenden Zeit beschenken, die diese aber unbedingt nötig hätten. Das Abrechnungssystem der Hausärzte, genauer gesagt das Abrechnungssystem der Kassenärztlichen Vereinigung, ist hier unerbittlich. Chronisch Kranke, die mehrmals im Quartal ihren Hausarzt sehen und sprechen möchten, bedeuten finanziell einen Verlust. Denn der Hausarzt kann eben bei Kassenpatienten nicht all seine erbrachten Leistungen beliebig oft abrechnen.

Deshalb ist es auch kein Geheimnis, dass die Praxen der Niedergelassenen in der Hauptsache durch Privatpatienten getragen und finanziert werden. Hier dürfen die Hausärzte, ähnlich wie Handwerker, gemäß der Gebührenordnung für Ärzte Rechnungen an ihre Patienten stellen. Der Patient bezahlt den Arzt und lässt sich diesen Betrag dann von seiner privaten

Krankenkasse rückerstatten. Ein einfaches und faires Geschäft. Denn zur Wahrheit gehört eben, dass Hausärzte auch Unternehmer sind. Sie haben Ausgaben, Fixkosten und können nicht nur von Lob und Anerkennung und gelegentlich mitgebrachtem Kuchen leben. Auch wenn das ein wenig an dem hellen Schein kratzt, entspricht es der Realität. Schafft sich ein niedergelassener Kollege beispielsweise ein neues Ultraschallgerät an, muss er diese Kosten so schnell wie möglich wieder ausgleichen. Mit Krankenkassenpatienten alleine wird ihm das nicht gelingen. Hierfür braucht er die Privatpatienten.

Insgesamt ist die hausärztliche Versorgung in Deutschland gut. Natürlich gibt es ein regionales Gefälle. Während in Großstädten genügend Praxen zu finden sind, herrscht auf dem Land oft gähnende Leere, und gerade alte und kranke Menschen müssen erhebliche Wege auf sich nehmen. Dabei spielt natürlich auch das vorher erwähnte Unternehmertum des Arztes eine große Rolle. Den Dorfarzt oder »Bergdoktor« gibt es eben nur noch im Fernsehen. Kein Arzt kann sich mehr eine Praxis mit wenigen Patienten leisten, von denen dann die meisten auch noch gesetzlich krankenversichert sind. Und so gut wie kein Arzt hat auch mehr Lust darauf, seine Nächte und die Wochenenden im Einsatz zu sein. Die Arbeitswelt eines Arztes hat sich geändert, und mit ihr die Praxislandschaft.

Als die Pandemie über uns hereinbrach, traf es natürlich auch die Hausärzte. Diese standen wie wir Amtsärzte an vorderster Front und sollten testen, testen, testen und natürlich weiter behandeln. Allerdings unter den bereits auferlegten Schutzmaßnahmen.

Doch viele Hausärzte waren erschreckend wenig darauf vorbereitet. Es fehlte an Schutzanzügen, Desinfektionsmitteln und Testmaterialien. Vor allem zeigte sich plötzlich ganz deutlich, wie wenig Ahnung und Erfahrung manch niedergelassener

Kollege im Umgang mit Schutzkleidung hatte. Aber auch insgesamt geriet das Gefüge der hausärztlichen Versorgung mit Beginn der Pandemie erheblich ins Wanken. Die hausärztliche Versorgung war zwar weiterhin gewährleistet, es zeigte sich aber, wie anfällig unser System sein kann, wenn plötzlich Angst und Unsicherheit herrschen.

Denn diese Angst und Unsicherheit gingen auch bei den Hausärzten um. Ich denke, dass es weniger die Sorge um die eigene Gesundheit war. Vielmehr befürchteten Hausärzte, ihre Praxen könnten vom Gesundheitsamt geschlossen werden. Diese Gerüchte hielten sich lange, und das, obwohl wir in meinem Landkreis nicht eine Praxis schließen mussten. Zudem herrschte eine Angst, irgendetwas falsch zu machen und dann verantwortlich zu sein. Noch nie in meiner langjährigen Tätigkeit habe ich Kollegen so verunsichert erlebt.

Was war also passiert? Einige Hausärzte wiesen kranke Patienten ab. Und es waren immerhin so viele Praxen, dass ich mich an die Presse wandte, um in aller Deutlichkeit zu sagen, dass so etwas nicht geht. Denn mich ereilten plötzlich viele Anrufe von Bürgern, die mir schilderten, dass sie nicht mehr in die Praxen gehen durften. Diese Bürger waren krank und brauchten ärztliche Hilfe. Doch sie wurden von ihren Ärzten tatsächlich abgewiesen, aus Sorge, die kranken Menschen könnten an COVID-19 erkrankt sein und die Praxis müsste dann aufgrund der Infektionsschutzregelung schließen. So verbrachte ich viel Zeit mit wütenden Anrufen von Bürgern, die sich über die Ärzte beschwerten und ihrem Ärger Luft machten.

Einige Hausärzte gingen sogar so weit, dass sie ihre Praxis schlossen und erst einmal Urlaub machten, um den ersten Corona-Sturm zu überstehen. Natürlich konnte ich weder den abgewiesenen Patienten helfen noch den Ärzten, die ohne Schutzausrüstung und Desinfektionsmittel dastanden. Ein Gesundheitsamt ist weder für die kurative Versorgung von Patienten zuständig, noch ist es ein Zentrallager für Schutzbekleidungen und Desinfektionsmittel. Meine Aufgabe war die Prävention, und so sah ich mich gezwungen, öffentlich auf diesen Missstand hinzuweisen. Natürlich bekam ich dafür keine Blumen, sondern ordentlich Kritik von den Hausärzten eingeschenkt.

Trotz dieser anfänglichen Schwierigkeiten gestaltete sich die weitere Zusammenarbeit mit den niedergelassenen Kollegen sehr erfreulich. So wurden auf meine Veranlassung hin, zum Schutz der Altenheime, sogenannte Heimärzte installiert. Diese sollten für ein Heim oder mehrere Einrichtungen zuständig sein und die dort wohnenden Senioren betreuen und auch auf Corona testen, vor allem im Krankheitsfall. Schutzausrüstung und Testmaterialien wurden vom Landkreis gestellt. Sinn und Zweck dieser Heimärzte war, dass möglichst wenige Personen von außen in die Heime gingen, um einen Eintrag des Virus weitestgehend zu unterbinden.

Meinem und dem Aufruf des damaligen Versorgungsarztes und des Geschäftsstellenleiters der Gesundheitsregion folgten einige Hausärzte, und so konnten während der ersten Welle der Pandemie genügend Ärzte die Heime ausreichend versorgen und die Bewohner testen. Auch von weiteren Ausbrüchen blieben die meisten Heime während meiner Zeit als Gesundheitsamtsleiter verschont – für mich ein Zeichen für die grundsätzliche Stärke der Hausärzte.

7. Der geplante Mangel

Krankenhäuser in Deutschland sind nur noch wirtschaftlichen Zielen unterworfen. Nicht mehr Ärzte leiten sie, sondern Betriebswirtschaftler; im besten Fall sind es noch studierte Mediziner mit einer betriebswirtschaftlichen Zusatzausbildung. Diese Mediziner sind aber dann bereits weit vom Tagesgeschäft der kurativen Behandlung entfernt. Dieser Zustand wirkt sich negativ auf die Patientenversorgung und auf den Arbeitsalltag der Ärzte und Ärztinnen sowie auch auf den der Pflegekräfte aus.

Seit 2004 rechnen die Krankenhäuser nicht mehr nach Tagessätzen ab. Basis der Abrechnung sind nun die sogenannten Diagnosis Related Groups (DRG), also diagnosebezogene Fallpauschalen. Das hört sich kompliziert an, ist aber in Wahrheit sehr einfach.

Gestaltet sich die Behandlung eines Patienten aufwendiger, als durch die pauschale Vergütung gedeckt, dann macht das Krankenhaus einen Verlust. Gelingt es aber dem Krankenhaus, also eigentlich den Ärzten und Ärztinnen, wirtschaftlicher zu arbeiten, als durch die DRG-Pauschale berechnet, dann macht das Krankenhaus Gewinn.

Die DRGs sind demnach das Regelwerk, aus denen die Krankenhäuser sich finanzieren.

Werden Sie nun irgendwann, aufgrund einer bestimmten Erkrankung, in ein Krankenhaus gebracht, dann errechnet ein Programm (nicht ein Arzt!) aus Ihren gesamten Diagnosen eine Hauptdiagnose, nach der Sie anschließend behandelt werden. Natürlich spielt dabei die akute Erkrankung, derentwegen Sie in ein Krankenhaus kommen, eine entscheidende Rolle. Nach Ihrer Behandlung stellt das Krankenhaus wiederum der

Krankenkasse eine Rechnung aus. Und diese richtet sich eben nach der Fallpauschale.

Das Prinzip ist also folgendes: Für einen Klinikaufenthalt zahlt die Krankenkasse nur eine festgelegte Pauschale. Die Höhe dieser Pauschale richtet sich nach der sogenannten Hauptdiagnose, im besten Falle also nach dem Einweisungsgrund in die Klinik. Grundsätzlich ist diese Pauschale in jeder Klinik gleich. Ausnahmen bestätigen aber auch hier die Regel. Das Wort »Pauschale« erklärt nun bereits den weiteren Ablauf im Klinikbetrieb. Egal, wie viele Untersuchungen nun an Ihnen gemacht werden, egal, wie oft und wie lange der Arzt mit Ihnen sprechen wird, es wird nur die Pauschale bezahlt, die für diese Diagnose festgelegt worden ist. Zudem wird in dieser Fallpauschale auch bereits die Dauer des Krankenhausaufenthaltes festgelegt. Alles natürlich nur für den Durchschnittspatienten berechnet.

Was aber, wenn der Patient einfach auf den Durchschnitt pfeift und sich am Rand der Wahrscheinlichkeitskurve aufhält? Dann gibt es für die Klinik ein finanzielles Problem. Der Patient wird deswegen nicht sofort entlassen, ein paar Tage Spielraum sieht so eine Fallpauschale schon noch vor. Aber dann ist Schluss. Jeder weitere Tag, an dem der Patient trotz sorgfältigster theoretischer Berechnungen im Krankenbett verbleibt, bedeutet Verlust für die Klinik, denn ab jetzt muss sie für die Kosten des Patienten alleine aufkommen. Und Verluste mögen Klinikgeschäftsführer überhaupt nicht. Denn ein Geschäftsführer, anders als die Ärzte in seinem Haus, blickt lediglich auf die Zahlen seines Unternehmens. So wird ein Mensch schnell zu einer bloßen Kennziffer.

Vom Wohl des Patienten und der Klinikkasse

Christoph war ein erfahrener Unfallchirurg. Er war ein Arzt wie aus einem Roman. Groß, sportlich, schlank, attraktiv, mit dunklen, halblangen Haaren und mit einer Ruhe und Freundlichkeit ausgezeichnet, die man unter Ärzten oft vergeblich sucht.

Wenn Christoph eine Untersuchung oder bestimme Therapie vorschlug, dann musste er in den seltensten Fällen mit einer Ablehnung rechnen. Das wiederum brachte ihm bei den Oberärzten und seinem Chefarzt Respekt ein. Und obwohl er ein hervorragender Arzt war, war die Anerkennung seiner Vorgesetzten darin begründet, dass er seine Patienten überzeugen konnte.

Christoph befand sich seit acht Stunden im Dienst und hatte weder getrunken noch gegessen. Um acht Uhr war Übergabe und seine zwölf Stunden Dienst endlich vorbei. Endlich! Er wollte die restliche Zeit bis zur Übergabe noch für einen Rundgang auf den chirurgischen Stationen nutzen. Doch daraus wurde nichts. Gerade als sein Kaffee frisch duftend aus dem Automaten lief, brachte ein Krankenwagen den nächsten Patienten.

Hubertus H. hatte nach jahrelanger Sportabstinenz wieder joggen gehen wollen. Frohen Mutes und voller Elan glitt er bereits an den Stufen seiner Eingangstüre aus und riss sich – schauderhaft von einem Peitschenknall begleitet – die Achillessehne am rechten Fuß.

Nun lag er wie ein Häufchen Elend in Kabine 7. Gerade hatte er keine Schmerzen, wie in dem Moment, als die stärkste aller Sehnen im menschlichen Körper gerissen war. Benannt nach dem griechischen Kriegshelden Achilles, verbindet diese Sehne den dreibauchigen Wadenmuskel mit dem Fersenbein.

Christoph anamnestizierte und untersuchte gewohnt routiniert. Im Gespräch mit Hubertus bemerkte er, dass dieser ziemlich in Sorge war. Hubertus hatte Angst vor einer Operation. »Herr Doktor, wissen Sie, wenn man eine Operation verhindern könnte, dann wäre ich Ihnen sehr dankbar.« Hubertus gehörte also zum Patiententyp Verhandler. Dieser Typus verhandelt mit dem Arzt über Aufenthaltsdauer und Therapie wie ein Fischhändler auf dem Markt.

Nach einer ausführlichen Untersuchung samt Sonografie, einer Röntgenaufnahme und einer Kernspintomografie (MRT) des lädierten Fußes war die Diagnose klar. Hubertus hatte sich die Achillessehne komplett durchgerissen.

Auch die Vorgabe des Chefarztes der orthopädischen Abteilung war klar. Jede Achillessehnenruptur wird operiert, obwohl es unter bestimmten Voraussetzungen eine konservative Methode, also ohne Operation und Blutvergießen, gibt. Eine Methode, die sogar ausdrücklich von der Deutschen Gesellschaft für Unfallchirurgie empfohlen wird.

Hubertus beziehungsweise seine Ruptur erfüllte sämtliche Voraussetzungen für eine konservative Behandlung. Zudem hatte Hubertus große Angst vor einer Operation. Christoph erklärte nun zuerst die operative, dann die konservative Behandlung. Dabei erklärte er auch die Vor- und Nachteile des jeweiligen Vorgehens. Eine erste Empfehlung gab er nicht ab. Er wollte, dass der Patient selbst entschied, unter Einbeziehung aller Vor- und Nachteile.

Hubertus entschied sich gegen eine Operation. Christoph konnte fachlich gut damit leben und diese Entscheidung auch vertreten, sein Patient Hubertus konnte das ebenfalls, und so wurde Hubertus mit einem Gips versorgt und gebeten, sich bei einem ambulanten Orthopäden vorzustellen.

Leider sah Christophs Chefarzt das bei der morgendlichen Besprechung völlig anders. Vor versammelter Mannschaft wurde Christoph auseinandergenommen und wieder eingenordet. In diesem Moment war dem Chefarzt nicht klar, wie verletzend er sein konnte. Er sah nur den finanziellen Verlust, die Einnahme, die ihm entgangen war. Denn eine solche Operation mit entspre-

chender Liegedauer des Patienten hätte nach DRG gut abgerechnet werden können.

Dieses Beispiel zeigt die eigentliche Misere der Ärzte in Krankenhäusern, aber auch die der Kliniken insgesamt. Der junge Arzt hat zum Wohl des Patienten gehandelt. Seine Therapie war die am wenigsten belastende für seinen Patienten. Leider hat diese Behandlung kein Geld in die Klinikkasse gespült. Und Kliniken müssen eben wirtschaftlich denken und arbeiten, das heißt, dass Operationen und andere Behandlungen durchgeführt werden müssen, weil andernfalls eine Klinik nicht rentabel ist und keinen Gewinn erwirtschaftet.

Überlastung und leere Betten
Vor Corona war bereits eine heftige Diskussion über die Schließung einiger Krankenhäuser entbrannt. Gerade Politiker, die aktuell eine Überlastung der Kliniken in grauenvollen Bildern zeigen, forderten noch 2019 die Schließung mehrerer Krankenhäuser in Deutschland. Aber selbst inmitten des Coronajahres 2020 flammte immer wieder diese Diskussion auf. Zudem kam es zu einem ständigen Alarmismus über drohende Engpässe auf den Intensivstationen in Deutschlands Krankenhäusern. Täglich wurden bedrohliche Zahlen in Modellrechnungen vermeldet.

Zu einer nachweisbaren Überlastung in Zahlen kam es indes nicht. So wies Statista am 9. Dezember 2020 noch 30,4 Prozent an freien Betten auf den sogenannten High-Care-Plätzen (mit Beatmung) in ganz Deutschland aus. Nun erscheinen womöglich dreißig Prozent nicht viel. Jedoch muss man wissen, dass eine Auslastung der Intensivbetten von mindestens achtzig Prozent gewünscht ist. Alles andere würde einen enormen Verlust für die Kliniken bedeuten, da leere Intensivstationen teuer zu unterhalten sind. Das gehört eben mit zur Wahrheit.

Auch vor Corona waren die Intensivstationen ausgelastet, besonders im Winter. Regelmäßig wurde in den Wintermonaten der vergangenen Jahre von einer Überlastung der Krankenhäuser durch Grippepatienten berichtet. Insofern verwunderte nun 2020/21 die mediale Dramatik.

Zudem gab es schon vor Corona Studien und Anregungen, eine Vielzahl von Krankenhäusern zu schließen. Interessanterweise warnten gerade diejenigen Politiker vor einem Zusammenbrechen des Gesundheitssystems, die noch vor Corona einen massiven Abbau der Krankenhäuser in Deutschland forderten.

Ebenso wurde berichtet, dass Krankenhausbetten für Coronapatienten frei gehalten werden müssten. Das hatte zur Folge, dass zu viele Krankenhausbetten leer blieben, was aber für die Krankenhäuser durchaus finanziell lukrativ war. Denn der erste Rettungsschirm der Bundesregierung sah vor, dass Krankenhäuser für jedes im Vergleich zu 2019 zusätzliche leere Bett pro Tag 560 Euro bekommen. Im Schnitt hatten damit so manche Krankenhäuser höhere Erlöse als 2019. Nach Berechnungen des Instituts für Management im Gesundheitswesen der Technischen Universität Berlin kostete alleine diese Intervention der Bundesregierung den Steuerzahler im Zeitraum zwischen März und September 2020 rund neun Milliarden Euro.

Im November 2020 wurde der zweite Rettungsschirm der Bundesregierung gespannt. Nun war die Ausschüttung an Bedingungen geknüpft, nämlich an die Zahl der Neuinfektionen auf 100 000 Einwohner in der Region innerhalb von sieben Tagen und an die Anzahl der verfügbaren Intensivbetten. Es ging also noch immer nicht darum, dass die Krankenhäuser, die viele Intensivpatienten behandeln, unterstützt werden, sondern um die Anzahl der freien Betten.

Mitte Dezember 2020 wurde außerdem beschlossen, dass der Staat auch Geld an Kliniken zahlen kann, die überhaupt keine Intensivbetten haben.

Um das überspitzt zu verdeutlichen: Ein leeres Krankenhaus, ohne einen einzigen Patienten, ohne Intensivstation, bekommt für jedes freie Bett Geld. Geld aus Steuereinnahmen.

Dabei stellt sich die Frage, warum trotz freier Betten viele planbare und nicht notwendige Eingriffe verschoben wurden. Denn bei Weitem bekommt ein Krankenhaus nicht das Geld für einen Patienten erstattet, das es als einfache »Entschädigung« in Zeiten der Pandemie bekam. Außerdem benötigt man für ein leeres Bett kein Personal.

Insgesamt waren also die leeren Betten gut für die Kassen der Krankenhäuser – aber schlecht für die Patienten.

Pflegepersonalmangel: kein neues Phänomen und trotzdem nicht gelöst
Krankenpflegekräfte haben ihren Beruf nicht ohne guten Grund gewählt.

Sie wollen helfen und die Kranken unterstützen. Zugleich möchten Pflegekräfte auch zur Genesung der Patienten beitragen. Ein wunderbarer Gedanke. Bereits während meiner medizinischen Ausbildung traf ich auf Pflegekräfte, von deren Wissen und Einstellung ich heute noch profitiere und nachhaltig beeindruckt bin.

In meinem ersten Pflegepraktikum geriet ich an eine ältere und erfahrene Krankenschwester. Für die ihr anvertrauten Patienten hat sie sich im wahrsten Sinne des Wortes zerrissen. Mir gegenüber war sie anfangs reserviert. Ich war ein Medizinstudent von vielen, was sollte sie schon erwarten. Eines Tages konnte ich diese Schwester bei der Blutentnahme beobachten. Es war der Wahnsinn. Schnell und völlig routiniert zapfte sie den roten Saft aus den Patienten, während sie noch nebenher ein Schwätzchen hielt.

Das wollte ich auch können. Also bat ich die Schwester, mir ihr Können weiterzugeben. Leider war die Antwort darauf nicht die erhoffte. Sie teilte mir mit, dass ich zunächst lernen sollte, die Bettpfannen richtig zu bedienen, auszuleeren und dann zu säubern. Wenn ich das könnte, würden wir weitersehen. Nach etwa einer Woche durfte ich mit der Schwester, natürlich nach Rücksprache mit dem Stationsarzt, die Blutentnahme erlernen. Und ich kann nur sagen: Davon profitiere ich immer noch, denn bei einer Blutentnahme oder dem Legen eines venösen Zuganges macht mir bis heute keiner was vor.

Einige Jahre lang habe ich auch Pflegekräfte unterrichtet. Die meisten von ihnen waren engagierte und kluge Menschen, voller Empathie und Motivation.

Das alles nützt aber wenig, wenn immer mehr in den Krankenhäusern gespart werden muss und sich dieser Sparzwang auch auf die Entlohnung der Pflegekräfte auswirkt. Applaus ist nett, zahlt aber keine Rechnungen. Warum sage ich das?

In den ersten Wochen der Pandemie wurden die Pflegekräfte bejubelt und beklatscht. Endlich erfuhren sie diese Wertschätzung, die ihnen schon lange hätte zukommen sollen.

Allerdings ist die monatliche Entlohnung ebenfalls eine Wertschätzung, und diese ist schlicht und ergreifend nicht ausreichend vorhanden. Pflegekräfte tragen eine außergewöhnliche Verantwortung. Sie sind diejenigen, die den Patienten am häufigsten sehen. Sie kommen, wenn der Patient klingelt. Sie müssen entscheiden, ob sie nun im Nachtdienst den Arzt aufwecken und er zum Patienten muss oder ob das Anliegen des Patienten bis zur Morgenvisite warten kann.

Aus meiner früheren Zeit im Krankenhaus kenne ich noch Situationen, in denen die Pflegekräfte mit den Patienten Karten spielten. Das haben sie nicht aus reinem Selbstzweck gemacht. Diese Pflegekräfte haben sich um die ihnen anvertrauten Patienten gekümmert. Und wenn sich diese gelangweilt oder einsam fühlten, dann war die Pflegekraft zur Stelle und betreute die Patienten mit sozialem Engagement.

Nun sind Krankenhäuser aber im Laufe der Zeit wie dargestellt Wirtschaftsunternehmen geworden. An Kartenspielen mit Patienten ist nicht mehr zu denken. Und das frustriert die derzeitigen Pflegekräfte. Sie hätten gerne mehr Zeit für Pflege und soziale Kontakte zu ihren Patienten.

Zu einem Wirtschaftsunternehmen gehört natürlich auch, dass man direkt am Personal spart, da das Personal einen immensen Kostenfaktor darstellt. Also wurden frei gewordene Stellen nicht mehr nachbesetzt. Sie wurden gestrichen, im besten Falle hat man schlecht ausgebildete Hilfskräfte eingesetzt.

Gerade auf den Intensivstationen ist der Mangel an Pflegekräften deutlich zu merken. Dort liegen schwerst kranke Patienten, die sich kaum bis gar nicht mehr bewegen können. Dass diese Menschen umfassende Betreuung brauchen, sollte selbstverständlich sein. Pro Schicht kann eine Pflegekraft etwa zwei Intensivpatienten betreuen. Dann ist die Pflegekraft aber schon maximal ausgelastet. In Zeiten des Pflegepersonalmangels muss eine Pflegekraft oft vier Patienten betreuen. Wie soll das gehen, ohne dass der eine oder andere Patient zurückstehen muss? Welcher Patient soll nicht gewaschen werden? Und intensivmedizinische Betreuung bedeutet ja nicht nur die Gabe von Medikamenten und die Überwachung der Vitalparameter. Manche der Patienten sind wach und brauchen Ansprache und körperliche Berührung.

Auch auf diesem Gebiet haben die Verantwortlichen aus Politik und Geschäftsführung der Krankenhäuser versagt. Der

Pflegepersonalmangel war seit langer Zeit bekannt. Zum Positiven hat sich nichts verändert. Ganz im Gegenteil. Immer mehr muss dokumentiert werden, diese Dokumentationszeit geht am Patienten ab. Personal kostet Geld, gutes Personal kostet mehr Geld. Unsere Gesundheit und unsere Versorgung sollten Politikern mehr wert sein. Diese haben ja in aller Regel nichts zu befürchten. Es ist schwer vorstellbar, dass einem Bundestagsabgeordneten bei einem Krankenhausaufenthalt die tatsächliche Lage über Personal und Ausstattung sichtbar würde.

Keine Lösung für ein bekanntes Problem
Die demografische Veränderung in Deutschland lässt den Bedarf an Pflegekräften rasant steigen. Das ist nicht nur in den Kliniken so. Auch in der ambulanten Pflege und in den Alten- und Pflegeheimen ist dieses Problem seit Jahren bekannt.

Neben den bereits oben geschilderten Gründen, weshalb der Pflegeberuf nicht so attraktiv erscheint, kommt noch ein weiterer hinzu. Das Pflegepersonal nimmt in der Hierarchie eines Krankenhauses eine untergeordnete Stellung ein. Und diese untergeordnete Stellung geht Hand in Hand mit der Geringschätzung einer schlechten Bezahlung.

Die Politik hat das Problem des Pflegepersonalmangels schon seit vielen Jahren erkannt. Warum hat sie so wenig dagegen unternommen? Unbestritten ist, dass sich die Verantwortlichen die fehlenden Pflegekräfte nicht aus den Rippen schneiden können. Aber die Verantwortlichen haben es versäumt, eine ordentliche Reform auf den Weg zu bringen und damit eine Aufwertung des Pflegeberufes herbeizuführen.

Die Pandemie zeigt nun gnadenlos die Lücken auf. Nach eigenen Aussagen vieler Klinikchefs sollen die Krankenhäuser nun am Limit sein.

Im Jahr der Pandemie, 2020, wurden circa zwanzig Kliniken deutschlandweit geschlossen, dabei gingen etwa 2000 Betten und etwa 4000 Mitarbeiter verloren. Wie passt das ins Bild? Ist es nicht ein Widerspruch, dass auf der einen Seite die Versorgung von kranken Menschen in den Krankenhäusern angeblich zusammenbricht, die Intensivstationen überfüllt sind, ja dass man sogar von Triage – einer Priorisierung medizinischer Hilfeleistung bei unzureichenden Ressourcen – spricht, und gleichzeitig Krankenhäuser geschlossen werden? Auch hier ist die Antwort wieder so einfach, dass man erschaudern möchte: Diese Krankenhäuser konnten sich nicht mehr finanzieren.

Uns so wird wunderbar deutlich, dass das bisherige DRG-Abrechnungsmodell sicher nicht geeignet ist. Ein Krankenhaus muss kranke Menschen versorgen und keine Gewinne machen. Ein reiches Land wie Deutschland sollte so etwas durchaus hinbekommen.

Das Sterben der Kliniken ist durchaus gewollt. Gesundheitsökonomen und Politiker setzten sich in der Vergangenheit energisch für einen Klinikabbau in Deutschland ein. Ein Argument war, dass bei weniger Krankenhäusern mehr Pflegekräfte und Ärzte pro Bett zur Verfügung stünden. Was für ein Unsinn. Als ob die Schließung von Kliniken im Bayerischen Wald die Krankenhäuser in Franken mit Personal auffüllen würde. Solche Vorstellungen sind lebensfremd und zeigen nur sehr deutlich, dass Politiker den Bezug zur Realität verloren haben.

8. Blinddarm Gesundheitsamt

Bevor Corona die Welt beschäftigte, befanden sich die Gesundheitsämter in einer Art Dornröschenschlaf. Durch die Flüchtlingskrise waren die Ämter schon einmal erwacht; diese Krise war aber vorbei, und so ging alles wieder seinen normalen Gang. Natürlich hatten damals sämtliche Amtsleiter auf die personellen und strukturellen Probleme in den Gesundheitsämtern hingewiesen, und natürlich wurde viel darüber diskutiert und wohl auch versprochen. Allerdings, passiert war nichts.

Die Gesundheitsämter wurden weder personell noch digital ausgestattet. Die Flüchtlingskrise war überstanden, die Wahlen gewonnen, und so unterblieben wichtige Entscheidungen, um den Öffentlichen Gesundheitsdienst auf eine nächste Krise vorzubereiten.

Bevor wir nun ein Gesundheitsamt genauer betrachten, statten wir ihm einfach mal einen Besuch ab.

Termin beim Gesundheitsamt

Zu einem Termin ins Gesundheitsamt geht niemand zum Vergnügen. Besuch vom Gesundheitsamt ist ebenfalls unangenehm. Eigentlich sind Gesundheitsämter und deren Mitarbeiter nie gerne gesehen. Vor allem Amtsärzte und Hygienekontrolleure sind Personen, die man ungern um sich hat. Denn beide Berufsgruppen lassen bei den Beteiligten sofort den Puls nach oben steigen.

Egal, ob nun das Gesundheitsamt kommt, weil mal wieder eine Kontrolle ansteht, oder eine Einladung vom Amt ins Haus flattert, beispielsweise weil man sich dort einer Untersuchung unterziehen muss: Immerzu hat man das Gefühl, diesem Amt völlig ausgeliefert zu sein.

Dabei ist diese Sorge völlig unbegründet. Meistens sind Klemmbrett tragende Kontrolleure harmlos. Sie tragen dieses Brett nur, um eine gewisse Wichtigkeit auszudrücken. Der mit dem Klemmbrett ist vermeintlich der Chef. Was natürlich Quatsch ist. Denn wer das Klemmbrett hat, der schreibt auch, und kein Chef schreibt selbst.

Wir Amtsärzte, in meinem Amt war das zumindest so, verzichten schon längst auf den weißen Kittel und das albern um den Hals gehängte Stethoskop. Warum sollten wir auch einen Kittel tragen? Dieses Zeichen der Autorität und Macht überlassen wir lieber den Chefärzten in den Kliniken. Da Amtsärzte ja Teil der Verwaltung sind, tragen manche Amtsleiter – da haben sie sich schon sehr den Juristen angenähert – Anzug und Krawatte.

Leider sitzen diese Anzüge meist so schlecht, dass man getrost darauf verzichten könnte. Am schlimmsten waren für mich immer diejenigen, die im Sommer kurze Hemden plus Krawatte trugen. Ich blieb meist bei Jeans, Sneakers und Hemd, natürlich langärmelig. Am casual friday durfte es dann auch gern ein Hoodie sein. Ich mag es eben bequem.

Also, lassen Sie sich weder von einem Klemmbrett noch von einem Anzug einschüchtern. Sollten Sie einen Termin im Gesundheitsamt benötigen, kommen Sie keinesfalls unangemeldet vorbei. Nichts ist für uns erschreckender, als plötzlich eine unangemeldete Person zu sehen. Bitte rufen Sie vorher an, und nennen Sie den Grund für Ihren Termin. Tatsächlich ist das wichtig. Denn die Mitarbeiter eines Gesundheitsamtes haben viele Außendienste, und nur die Damen an der Anmeldung durchblicken den völlig unzeitgemäßen analogen Kalender mit seinen Eintragungen. Digitalisierung scheitert bereits am Empfang.

Das Betreten eines Gesundheitsamtes erkennt man schon am Geruch: Ähnlich wie in einer Kirche oder einem Krankenhaus riecht es nicht nach Weihrauch oder Desinfektionsmittel oder nach Gesundheit, sondern nach Teppichboden oder Papier in Aktenordnern. Selbst bei einem Neubau wurde vermutlich dem Architekten und dem Innenausstatter das Versprechen abgenommen, alles zu tun, damit es amtlich riecht. Wahrscheinlich gibt es sogar amtliche Duftbäume, die irgendwo versteckt hängen und ausduften.

Sollten Sie es nun bis zur Anmeldung geschafft haben, dann müssen Sie nur noch warten. Viele Wartezimmer sind ziemlich schmucklos eingerichtet und lassen den Wunsch nach einer schnellen Beendigung des Vorganges aufkommen. Lassen Sie sich nicht einschüchtern – das ist so gewollt. Wir möchten keinesfalls, dass Sie sich heimisch fühlen. Das können Sie sehr gut an den bereits ausrangierten Sitzmöbeln erkennen. Nach etwa zehn Minuten Wartezeit hat der eh schon geschundene und auf Rehamaßnahmen wartende, vierzigjährige Erdkundelehrer noch mehr Schmerzen und braucht oft gar nicht mehr theatralisch seine Rückenschmerzen zu schildern. Wir glauben ihm dann auch so.

Leider erfüllen viele Gesundheitsämter oft einschlägige Vorurteile. Auf einen Termin muss man wochenlang warten, die Mitarbeiter sind unfreundlich, und dann bekommt man auch noch nicht mal das, was man sich erwünscht hat.

So kann es schon mal sein, dass die 36-jährige Jurastudentin im Untersuchungsraum zusammenbricht, weil ihr der Amtsarzt erklärt, dass ein Schnupfen nun wirklich kein Grund für eine Prüfungsbefreiung des Ersten Juristischen Staatsexamens ist; auch wenn es ihr letzter Versuch war, die Prüfungen bereits seit zwei Tagen laufen und sie nie erschienen ist.

Das sind dann die tragischen Momente für beide Seiten. Denken Sie nicht, dass wir nicht mitfühlen. Aber die Prüfungsordnungen der Hochschulen sind hier eindeutig, und man übergibt diese Angelegenheiten nicht ohne Grund den Amtsärzten. Die fungieren in ihrer Funktion als neutrale Stelle. Und um sich der Gefahr vor Gefälligkeitsattesten zu entziehen, werden wir eingeschaltet.

Glücklicherweise ist aufgrund unserer medizinischen Ausbildung immer noch ein Funke des Helfersyndroms vorhanden, sodass wir nur in absoluten Ausnahmefällen sehr streng werden müssen. Meist lassen wir unsere Patienten mit ihren Wünschen davonziehen. Als Ärzte mögen wir ja Menschen und haben durchaus Verständnis für deren Schwächen.

Struktur und Aufbau eines Gesundheitsamtes
Der Öffentliche Gesundheitsdienst reicht bis ins 18. und 19. Jahrhundert zurück, und die damaligen Aufgaben bestanden hauptsächlich in der Abwehr von Seuchen. Die Städte der damaligen Zeit waren noch ziemlich verschmutzt. Erst gegen Anfang des 20. Jahrhunderts, im Zuge der Industrialisierung und des damit verbundenen Wachstums der Städte, kamen die bis heute anstehenden, sozialmedizinischen und präventiven Aufgaben hinzu. Im Nationalsozialismus hatten die Gesundheitsämter eine besonders tragische Rolle: Sie wurden in die nationalsozialistische Rassenpolitik eingebunden. Wie stark sich die damaligen Amtsärzte gegen ihre Vereinnahmung zur Wehr setzten oder sie sogar aktiv mit betrieben, ist nicht hinreichend bekannt.

Nach Ende des Zweiten Weltkrieges waren die Ämter in ihren sozialmedizinischen Aufgaben wieder eingeschränkt. In den Neunzigerjahren wurden die Gesundheitsämter dann kommunalisiert und spielten gesundheitspolitisch keine Rolle mehr. Der Prävention wurde zu diesem Zeitpunkt in der Medizin keine Bedeutung beigemessen, besonders nicht an den Gesundheitsämtern. Immer mehr verkümmerten die Gesundheitsämter zu

Kariesprophylaxe-Ämtern, soll heißen, die wichtigste Aufgabe bestand in der Kariesprävention von Kindern. Und so geschah das, was immer geschieht, wenn im öffentlichen Dienst ein Bereich derzeit nicht gebraucht wird: Es wurde immer weiter Personal abgebaut, und die Gesundheitsämter verkamen zu einem Blinddarm an den Landratsämtern, waren vermeintlich überflüssig und wurden nicht wertgeschätzt, sondern eher belächelt.

Überhaupt wurde die Zahl der Gesundheitsämter in den vergangenen Jahrzehnten deutlich reduziert. Im Jahr 1990 gab es noch etwas über fünfhundert Gesundheitsämter in Deutschland, aktuell sind es nur noch etwas über dreihundertfünfzig. Diese Reduzierung der Ämter führte natürlich auch zu einer weiteren drastischen Reduzierung von Personal. Vor allem die originären Überwachungsaufgaben konnten immer weniger vollumfänglich geleistet werden.

Beispielhaft seien hier die Überprüfung der Krankenhäuser, der Pflegeheime, aber auch die Lebensmittelüberwachung insgesamt genannt. Wir werden noch darauf kommen, wie fatal dieses Unvermögen, alle Überwachungsaufgaben ausreichend und flächendeckend wahrnehmen zu können, sich in der Krise auswirkte.

So ziemlich jeder kennt irgendein Vorurteil über einen Amtsarzt. Ein beliebter Witz über Amtsärzte geht so: Was ist der Unterschied zwischen einem Amtsarzt und einem Schläfer einer Terrorzelle? Den Schläfer kann man aktivieren!

Besonders angehende Lehrer und andere Anwärter auf den Beamtenstatus haben immer noch Sorge, wenn sie zur amtsärztlichen Untersuchung müssen, ohne die eine Verbeamtung nicht möglich ist. Viele Gerüchte ranken sich um die Strenge einerseits und die Ahnungslosigkeit der Amtsärzte andererseits.

Dabei ist die Ausbildung eines Amtsarztes keineswegs einfach und endet, ebenso wie die der kurativen Kollegen, mit der Facharztreife. Allerdings ist die Ausbildung der Amtsärzte nicht darauf ausgerichtet, epidemiologisch zu arbeiten. Auch dies führte in Coronazeiten natürlich zu besonderen Schwierigkeiten, wie wir noch sehen werden.

Die Organisation des öffentlichen Gesundheitsdienstes ist weitestgehend auf drei Ebenen angelegt. Auf der Ebene des Bundes, der Länder und der Kommunen.

Da sind zunächst die untersten Gesundheitsbehörden, wie die Gesundheitsämter auch genannt werden. Die Gesundheitsämter sind also auf der kommunalen Ebene angesiedelt. Die Regierungen der jeweiligen Regierungsbezirke sind den Gesundheitsämtern fachlich vorgesetzt. Diesen Zwischenschritt in der Hierarchie gibt es nicht in allen Bundesländern.

Auf Länderebene finden sich dann die jeweiligen Gesundheitsministerien mit den nachgeordneten Behörden, wie beispielsweise die Landesgesundheitsämter.

Ganz oben, also auf Bundesebene, steht das Bundesministerium für Gesundheit mit den nachgeordneten Behörden. Ich zähle sie hier einzeln auf, weil diese Behörden eine herausragende Rolle in der Pandemie spielen: Das Robert Koch-Institut (RKI), das Paul-Ehrlich-Institut (PEI), die Bundeszentrale für gesundheitliche Aufklärung (BZgA) und das Bundesinstitut für Arzneimittel und Medizinprodukte (BfArM) sind also die nachgeordneten Behörden, und bereits anhand dieser Hierarchie kann man sich ausmalen, wie es um die Unabhängigkeit vom Bundesgesundheitsministerium bestellt ist.

Was sich also bereits auf Länderebene zeigt, setzt sich in ähnlicher Weise auf Bundesebene fort: Von einer Freiheit der nachgeordneten Behörden oder gar der Gesundheitsämter kann in Deutschland nicht die Rede sein. Auch auf Bundesebene hängen die vorgenannten Institutionen am Tropf der obersten Behörde.

Auf der Ebene der Kommunen werden die Aufgaben der staatlichen Gesundheitsvorsorge und des Infektionsschutzes von den Gesundheitsämtern wahrgenommen.

Insgesamt unterscheiden sich die Gesundheitsämter der einzelnen Bundesländer oder der Kommunen hinsichtlich ihres Aufbaus. Die Feinheiten der jeweiligen Bundesländer übergehe ich, damit die Übersichtlichkeit hier nicht verloren geht. Grob orientierend kann man aber sagen, dass folgende Bereiche ein jedes Gesundheitsamt bedient:

- Infektionsschutz inklusive Trinkwasserüberwachung
- Kinder- und Jugendgesundheitsdienst
- Sozialarbeit/Sozialpsychiatrie
- Amtsärztliche Gutachtenerstellung

Diese vier Bereiche gliedern sich in weitere Teilbereiche auf. So gehört selbstverständlich die Tuberkulosevorsorge zum Infektionsschutz, bildet aber innerhalb dieses Bereiches einen Unterbereich.

Je nach Bereich arbeiten unterschiedlich ausgebildete Mitarbeiter darin.

Den Bereich der Infektionshygiene beziehungsweise den Bereich des Infektionsschutzes haben die Hygienekontrolleure unter sich aufgeteilt. Hygienekontrolleure sind ausgewiesene Spezialisten auf ihrem Gebiet, und ohne sie würde ein Gesundheitsamt niemals funktionieren. Ich kann nur allen in dieser Branche raten, sich mit den »Hygies«, wie ich sie liebevoll nenne, kurzzuschließen. Man kann eine Menge von ihnen lernen.

Auch die Mitarbeiterinnen in der Kinder- und Jugendgesundheit sind Spezialistinnen. Ich schreibe das hier ausdrücklich in der weiblichen Form, weil mir in diesem Bereich noch kein Mann untergekommen ist. Die Mitarbeiterinnen sind jedenfalls sehr qualifiziert. Für die Bewerbung benötigen sie bereits eine Ausbildung als dreijährige Pflegekraft, am besten in der Kinderheilkunde. Darüber hinaus werden sie dann nach Einstellung geschult, um anschließend die Schuleingangsuntersuchungen durchführen zu dürfen. Diese Untersuchungen sind von hervorragender Qualität und sorgen dafür, dass Lernschwierigkeiten und andere Defizite bei Kindern noch vor Eintritt in die Schule erkannt und behandelt werden.

Die amtsärztlichen Gutachten werden von Amtsärzten durchgeführt. Diese Gutachten reichen von den einfachen Untersuchungen für einzustellende Beamte über Prüfungsunfähigkeiten von Studenten bis hin zu Rehabilitationsmaßnahmen oder Frühpensionierungen von Beamten. Hier ist der Aufgabenbereich sehr groß. Je mehr klinische Erfahrung Amtsärzte mitbringen, umso leichter fällt ihnen diese Arbeit. Denn diese Gutachten erfordern Erfahrung und Wissen in jedem Teilbereich der Medizin, ausreichende Lebenserfahrung und auch ein gewisses Maß an Standhaftigkeit. Denn wer möchte schon einer vierfachen Mutter die Mutter-Kind-Kur nicht bewilligen?

Personell waren die Gesundheitsämter vor Corona so unterschiedlich aufgestellt und ausgestattet, wie sie unterschiedlicher nicht sein könnten. Es gab kleine Ämter mit etwa zehn bis zwölf Mitarbeitern, und es gab Ämter mit vierzig bis fünfzig Mitarbeitern. Die Größe eines Amtes ist abhängig von der jeweiligen Einwohnerzahl des zuständigen Landkreises beziehungsweise der Stadt. Allerdings ist die reine Mitarbeiterzahl nicht aussagekräftig. Eine Hundert-Prozent-Stelle kann geteilt werden. So könnte aus einem kleinen Amt mit zwölf Vollzeitmitarbeitern plötzlich ein Amt mit 24 Mitarbeitern werden, wenn alle Mitarbeiter ihre Stellen teilen würden. Es ist aber auch logisch, dass ein Gesundheitsamt für die Betreuung eines Landkreises mit über 200 000 Einwohnern mehr Personal benötigt als ein Gesundheitsamt, das nur für 100 000 Einwohner zuständig ist.

Für den Amtsleiter spielt die Größe des Landkreises auch dahin gehend eine Rolle, als dass er ab einer bestimmten Einwohnerzahl in eine höhere Besoldungsstufe fällt. Allerdings nicht nur wegen der Anzahl der Landkreisbewohner, sondern weil er aufgrund deren Anzahl mehr Personal unter sich hat. Diese Feinheit ist am Monatsende, wenn die Besoldung überwiesen wird, unwesentlich.

Der Aufbau des Öffentlichen Gesundheitsdienstes unterscheidet sich von Bundesland zu Bundesland. Das ist dem Föderalismus geschuldet. Die jeweiligen Gesundheitsdienstgesetze legen die Struktur fest. In vielen Bundesländern existieren sogenannte Landesämter für Gesundheit, auch Landesbehörden genannt. Da Gesundheit grundsätzlich Ländersache ist, werden die Aufgaben dieser Landesbehörde dem jeweiligen Ministerium zugeordnet.

Der Austausch zwischen den Gesundheitsministern/Gesundheitssenatoren und dem Bundesgesundheitsminister findet in der sogenannten Gesundheitsministerkonferenz statt.

Dabei handelt es sich keineswegs um unbedeutende Treffen, bei denen die Beteiligten nach ein wenig Diskussion am Ende Entschlüsse fassen. Vielmehr wird diese Konferenz von den Amtschefs der Ministerien vorbereitet. An dieser Vorbereitung ist wiederum eine Arbeitsgemeinschaft von Beamten der Gesundheitsministerien/Senatsverwaltungen beteiligt.

An der Spitze der Hierarchie steht das Bundesministerium für Gesundheit (BMG). Das BMG entwickelt und erarbeitet Gesetze, Verordnungen und Verwaltungsvorschriften für den gesamten Gesundheitsbereich in Deutschland. Man kann also auch sagen, dass das BMG die Leitplanken der Gesundheitspolitik vorgibt.

Digitalisierung mit Fax und Stift?
Die Gesundheitsämter hatten bereits in den vergangenen Jahren immer wieder mit vereinzelten Krisen, aber auch mit Pandemien zu tun. Leider wurden diese Krisen samt den Offenlegungen von Missständen schnell vergessen. Nun, Politik ist schnelllebig und orientiert sich selten an Langzeitprogrammen. Politiker denken in Wahlperioden. Dabei hätten die letzten Pandemien ausreichend Grund zum Entwerfen einer längerfristigen Strategie geben können.

Die Vogelgrippe von 2004 folgte der SARS-Pandemie von 2002/03. Die sogenannte Schweinegrippe 2009/10 brachte bereits ziemliche Aufregung in das Gesundheitssystem und in den Öffentlichen Gesundheitsdienst.

Von 2014 bis 2016 erschütterte eine Ebolafieber-Epidemie in Westafrika die ganze Welt. Bilder von Leichenbergen gingen um den Globus, und man fragte sich, wann wohl der erste Ebola-Fall in Deutschland eintreten würde.

Nach Ebola brachte der Winter 2017/18 eine heftige Influenza zu uns. Hochgerechnet verstarben etwa 25 000 Menschen in Deutschland daran. Interessanterweise geht das RKI in seinen FAQ, Stand 25. September 2019, »Wie viele Menschen in Deutschland erkranken jährlich an Influenza?« grundsätzlich davon aus, dass zwischen zwei und 14 Millionen Menschen, bisweilen auch mehr, während einer saisonalen Grippewelle erkranken.

Angesichts dieser Bedrohungen in den vergangenen knapp zwanzig Jahren sollte man meinen, dass sich die Politik für eine Modernisierung des Öffentlichen Gesundheitsdienstes eingesetzt hat, und zwar in Form von Fachpersonal, technischer Ausstattung, Ausbildungen und entsprechenden Konzepten.

Aber falsch gedacht. Nach jeder Pandemie wurde den Mitarbeitern des Öffentlichen Gesundheitsdienstes gedankt, das war`s. Nun, Dank ist schön, kann aber – genauso wie Applaus – nichts bewirken, im besten Falle kann es allenfalls motivieren. Gut! Nur Motivation schafft keine Stellen oder entwickelt Softwareprogramme.

Und bereits zu Beginn der Coronapandemie wäre eine einheitliche Softwarelösung für ganz Deutschland eine Bereicherung und Entlastung gewesen.

Stattdessen kreierte so ziemlich jedes Gesundheitsamt eine individuelle Lösung, was natürlich angesichts der Überforderung und Überlastung an den Ämtern naheliegend war. Kein Amt hatte ab dem Zeitpunkt der ersten Fälle in den Landkreisen mehr die Zeit und die Personalressourcen, sich um ein Softwareprogramm zu bemühen, welches auch noch einheitlich verzahnt werden konnte. Diese Aufgabe wäre der Politik vor Jahren zugekommen, das hat sie aber leider verpasst.

Im Folgenden schildere ich in etwa den Ablauf in einem Gesundheitsamt, vom Zeitpunkt des Eingangs einer positiven Meldung von SARS-CoV-2 bis hin zur Verarbeitung. Schnell werden Sie erkennen, dass das Wort Digitalisierung hier eher ein Fremdwort ist.

Ging ein positiver Befund per Fax oder Mail im Sekretariat des Gesundheitsamtes (GA) ein, dann sortierte das Sekretariat zunächst die doppelten Meldungen und Irrläufer aus. Das alleine war an manchen Tagen bereits eine Herausforderung, da bei einigen Personen nicht zwischen Vor- und Nachnahme unterschieden werden konnte. Das meldende Labor konnte das ebenfalls nicht und verschickte die Labormeldungen dann zweimal.

Bei nicht komplett ausgefüllten Formularen, und das betraf sicher mindestens die Hälfte der eingehenden Meldungen, ergänzten die Mitarbeiter im Sekretariat die fehlenden Personendaten (Adresse, Telefonnummer) unter Zuhilfenahme von

Einwohnermelderegister, Polizei, Laboren, öffentlichem Telefonbuch und so weiter. Natürlich mussten bei dieser Arbeit sehr viele Telefonate geführt werden, denn es war Eile angesagt. Dies war mit ein Grund dafür, dass vor allem am Vormittag das Telefon des Sekretariats dauerbelegt war. Die Mitarbeiter des Sekretariats hatten bereits zu diesem Zeitpunkt alle Hände voll zu tun!

Zudem wurden die angegebenen Adressen mit Standorten von Asylunterkünften und Pflegeheimen abgeglichen und gegebenenfalls mit dem Vermerk Asyl oder Pflegeheim versehen. Warum? Weil Pflegeheime aufgrund der Altersstruktur und Asylheime aufgrund der Wohnsituation mit Priorität bearbeitet werden sollten. Das war eine ganz klare Vorgabe von mir. Aufgrund der Vielzahl der Meldungen war schnell erkennbar, dass wir eine Art Triage einführen mussten. Im Klartext hieß das also, der 25-jährige Positive rutschte bei der Bearbeitung hinter den Alten und den Asylbewerber im Heim zurück.

Das Blatt mit den Labormeldungen wurde danach zu den Hygienekontrolleuren gebracht und dort in einer Meldesoftware erfasst.

Erst zu diesem Zeitpunkt kam eine Software ins Spiel. Allerdings arbeiteten die Gesundheitsämter mit unterschiedlicher Meldesoftware. Dennoch konnten alle Ämter an die Landesbehörden melden, was im Infektionsschutzgesetz vorgeschrieben ist, das zudem die Meldepflicht an die Landesbehörde auferlegt.

Mit einem handschriftlichen Vermerk vergab dann der Hygienekontrolleur anhand der Basisdaten (Geburtsjahrgang und Adresse), eine Priorisierungsnummer (1 = höchste Bearbeitungspriorität, 5 = niedrigste Bearbeitungspriorität).

Diese Laborblätter wurden in Schütten (nach Priorisierung 1 bis 5) sortiert. An dieser Stelle kamen die Contact-Tracing-Teams (CTT) ins Spiel. Diese Helfer wurden uns großzügig zur Verfügung gestellt. Leider viel zu spät. Und leider handelte es sich eben um kein ausgebildetes Fachpersonal, was aber sehr hilfreich gewesen wäre, denn eine Ermittlung zur Kontaktpersonenverfolgung und die Rekonstruktion der Infektionskette ist keinesfalls trivial, und medizinische Laien stellen nun mal keine medizinischen oder epidemiologischen Fragen. Das ist in etwa so, als würde der Staatsanwalt die Kriminalpolizei bei einem Körperverletzungsdelikt um eine Ermittlung bitten und aufgrund von Personalmangel statt Polizisten Bankkaufleute abkommandieren, die diese Ermittlungsarbeit übernehmen.

Auch diese Maßnahme der Politik war nicht durchdacht und diente nur der Beruhigung der Bevölkerung – und sollte uns in den Ämtern ebenfalls zufriedenstellen, denn unsere Forderungen nach mehr Personal häuften sich. Leider brachten diese ständigen Neueinstellungen eine Menge zusätzlicher Arbeit mit sich. Wenn diese Ermittler nicht aus anderen Behörden abgestellt wurden, mussten externe Personen für diese Tätigkeit eingestellt werden. Jeder Chef und jeder Personaler kennt diese Zusatzarbeit. Stellen ausschreiben, Bewerbungen sichten, Einstellungsgespräche vorbereiten und durchführen, Auswahl treffen und nach der Einstellung des hoffentlich richtigen Kandidaten beginnt erst einmal die Einarbeitung.

Dieser Aufwand mag in normalen Zeiten sicher zu leisten sein; nicht aber inmitten einer Pandemie. Und so waren die Chefs der Gesundheitsämter nicht nur mit den Auswirkungen und Entscheidungen rund um COVID-19 beschäftigt; sie mussten sich auch noch um neue Mitarbeiter kümmern.

Aber nicht nur um Mitarbeiter. Neue Mitarbeiter brauchten auch Räumlichkeiten und Gerätschaften, damit sie arbeiten konnten. Gerade in Pandemiezeiten konnten nun nicht mehr die ohnehin schon kleinen Büros mit weiteren Mitarbeitern

»vollgestopft« werden. Homeoffice war auch nicht möglich, da zum einen die Hardware fehlte und zum anderen das Arbeiten von Nichtfachpersonal von zu Hause aus ganz einfach undenkbar gewesen wäre. Zu viele Fragen hatten die Neulinge, täglich gab es Besprechungen, weil Richtlinien oder Vorgaben geändert wurden. Alle Unklarheiten mussten schnell und unkompliziert geklärt, Neuerungen umgesetzt und Fragen beantwortet werden. Mit Mitarbeitern im Homeoffice undenkbar.

Die Hilfsermittler nahmen sich also nun unter Beachtung der Priorisierung die Labormeldungen aus den Ablagen und begannen mit der Arbeit. Ermittlung bedeutet, dass die positiv gemeldete Person angerufen wurde, zunächst ein Datenabgleich stattfand, dann ein Gespräch über den Grund der Testung, Symptombeginn, Krankheitsverlauf und so weiter bis hin zur Abfrage von möglichen Kontaktpersonen nach Vorgaben des RKI.

Natürlich waren diese Ermittlungen nicht immer leicht. Wie sollten nun enge Kontaktpersonen nach den Richtlinien der RKI beispielsweise bei einem Fußballspiel festgestellt werden? Hatte der Torwart mit dem gegnerischen Stürmer »engen« Kontakt? Wurde vielleicht ein Spieler von einem anderen direkt angehustet? Fußball ist Kontaktsport, so viel war klar. Aber wenn 22 Menschen um einen Ball kreisen, wer könnte von wem angesteckt worden sein? Dass solche Ermittlungen sehr zeitintensiv und auch gelegentlich fehlerbehaftet waren, versteht sich von alleine.

Die Ergebnisse wurden dann handschriftlich auf einem Erfassungsbogen dokumentiert. Festgestellte Kontaktpersonen wurden ausfindig gemacht oder an einen anderen Bearbeiter weitergegeben. Aus dem Laborblatt und dem Erfassungsbogen wurde ein Papierakt angelegt, der zu einem anderen Bearbeiter getragen wurde, der wiederum dann den sogenannten Bescheid erstellte.

Bescheid bedeutet auf »beamtisch«, dass die betroffenen Personen schriftlich ihre Anordung für die Isolation oder die Quarantäne bekamen.

Isolation *oder* Quarantäne? Sie werden sich wahrscheinlich fragen, ob das einen Unterschied ausmacht. Ja, das tut es. Das RKI hat folgende Nomenklatur eingeführt: Ein Erkrankter, hier ein positiv Getesteter, muss in Isolation. Eine Kontaktperson geht hingegen in Quarantäne. Einen tatsächlichen Unterschied gibt es nur in der zeitlichen Dauer dieser Absonderung. In der Arbeit und im allgemeinen Sprachgebrauch benutzen wir eigentlich immer das Wort Quarantäne. So auch nun im weiteren Text, unabhängig, ob nun jemand positiv war oder lediglich Kontaktperson.

Der oben erwähnte Bescheid, für Quarantäne oder Isolation, musste natürlich mit der Post verschickt werden, und es dauerte oft über eine Woche, bis er beim Empfänger ankam. Wenn man nun noch die zeitliche Verzögerung vom Labor an uns, also das Gesundheitsamt, berücksichtigt, dann wird schnell klar, warum einige Bürger ihren Bescheid erst am letzten Tag ihrer errechneten Quarantäne bekamen. Solche Gegebenheiten sorgten bei den Bürgern für viel Unmut.

Zeitgleich wurde von einem anderen Bearbeiter eine Excel-Liste geführt, in die nun die Positiven und die Kontaktpersonen eingetragen wurden. Hier liefen also die Fäden zusammen. In dieser Liste wurden alle relevanten Personaldaten der Betroffenen hinterlegt: Tag der Testung, Kontaktpersonen, Quarantänezeiten. Die Excel-Liste war sozusagen das Herz der COVID-19-Zentrale. Ich wiederhole, es war die Excel-Liste. Und ich kann Ihnen sagen, dass das nicht nur in meinem Gesundheitsamt so war.

Damit nun auch alle Mitarbeiter mit den Quarantänisierten Kontakt halten und dieser Kontakt dokumentiert werden konnte, wurden aus der Excel-Liste sogenannte Quarantänelisten extrahiert. Es wurden also Namenslisten angelegt und bis zum Quarantäneende abtelefoniert. Täglich! Soweit möglich. Nachdem diese Listen immer länger wurden, war es den Mitarbeitern bald nicht mehr möglich, täglich mit allen Gelisteten zu telefonieren.

Aufgrund der großen Menge an eingehenden Meldungen, im Schnitt waren es etwa sechzig bis hundert Neumeldungen pro Tag, zudem kamen noch die entsprechenden Kontaktpersonen hinzu, bestand ab diesem Punkt bereits ein Zeitverzug von ein bis drei Tagen, das heißt, der Datenstand der Excel-Tabelle war nie tagesaktuell, sondern hinkte ein bis drei Tage hinterher.

Erst nach vollständiger Erfassung aller Daten der Positiven und deren Kontaktpersonen konnten nun die Hygienekontrolleure die Meldung der Positiven in der Meldesoftware für das LGL ergänzen und danach verschicken. Damit erklärt sich auch der sogenannte Meldeverzug der Daten, von dem immer wieder in den Nachrichten zu hören war.

Die täglichen Telefonate mit den Quarantänepersonen wurden ebenfalls zuerst auf dem Erfassungsbogen dokumentiert und anschließend in der Excel-Liste aktualisiert. Diese Dokumentation war notwendig, damit jeder Mitarbeiter anhand der Liste einsehen konnte, ob eine unter Quarantäne stehende Person plötzlich krank wurde und Symptome zeigte.

Wichtig war ebenfalls, dass die aus der Quarantäne zu entlassenden Personen tagesaktuell aus der Excel-Liste herausgefiltert wurden, damit die entsprechenden Entlassbescheinigungen als Serienbrief exportiert werden konnten. Niemand sollte ja länger als nötig in Quarantäne bleiben müssen.

Aber auch hier kam es immer wieder zu Missverständnissen, vor allem in der Berechnung der Quarantänezeiten, sodass Personen entweder zu früh oder zu spät entlassen wurden.

An dieser ausführlichen Beschreibung wird sehr deutlich, auf welchem digitalen Niveau die Gesundheitsämter im Jahr der Krise 2020 arbeiten mussten. Viele Bürger, denen wir dieses Prozedere aufgrund von Beschwerden erklärten, konnten das nicht glauben. Aber so war nun mal die Realität. Trotz vieler Vorereignisse hatte hier die Politik die Digitalisierung vollkommen verschlafen, und die Mitarbeiter der Gesundheitsämter und die betroffenen Bürger mussten letztlich diese Misere ausbaden.

Die Arbeitstage im Gesundheitsamt waren anstrengend und chaotisch. Überall in Deutschland tauchten neue Infektionen auf. Obwohl es der dringende Wunsch des Ministeriums war, konnten die Infektionsketten nicht mehr nachverfolgt werden. Die Gesundheitsämter waren bereits seit Jahren personell ausgeblutet. Es fehlte Fachpersonal an allen Ecken und Enden.

Bereits vor Corona wurde diese Personalproblematik auf verschiedenen Veranstaltungen und Kongressen wie ein Mantra wiederholt. Ohne Erfolg. Der Staat war nicht bereit, ausreichend Geld für geeignetes Personal in die Hand zu nehmen.

Entweder fanden sich erst gar keine Bewerber, oder aber die geeigneten Kandidaten nahmen die Stelle wegen zu niedriger Bezahlung nicht an. Dabei spielte es keine Rolle, um welches Fachpersonal es sich handelte. Egal, ob Ärzte, Hygienekontrolleure, Fachkräfte für Sozialmedizin oder Verwaltungskräfte: Alle Neulinge wurden zunächst in der niedrigsten Lohnstufe eingestellt, unabhängig von ihrer ursprünglichen Qualifikation. So konnte es durchaus vorkommen, dass sich ein ausgebildeter Facharzt, beispielsweise ein Anästhesist, um eine Stelle bewarb.

Jeder Facharzt hat etwa sechs Jahre Studium und weitere sechs Jahre Fachausbildung hinter sich, in den meisten Fällen gekrönt von einem Doktortitel. Es versteht sich von selbst, dass nur die wenigsten einen derart unterbezahlten Job annahmen.

Und so führten diese Sparmaßnahmen zu einem Personalnotstand in den Gesundheitsämtern.
Doch davon bekam die Bevölkerung nichts mit.
Wie auch? Dieses Thema wurde totgeschwiegen.
Es gab hierzu kaum Berichte in den Medien, und ereignete sich mal ein Skandal, weil es beispielsweise in einem Pflegeheim Hygienemängel gab, dann hieß es nur, dass die Behörden wieder versagt hätten. Und damit war natürlich das Gesundheitsamt gemeint.

Wo bleibt da die Verhältnismäßigkeit!?

»Wir können die Kontaktpersonen der Infizierten nicht mehr ermitteln, Chef. Es werden zu viele, und wir haben kein Personal«, sagte mein leitender Hygienekontrolleur zu mir, während ich gerade konzentriert auf die eingehenden E-Mails blickte. Mein digitales Postfach quoll über, das Telefon wollte nicht mehr stillstehen.

Mein leitender Hygienekontrolleur war schon seit jeher eher Pessimist als Optimist. Für ihn waren die Dinge immer gleich doppelt so schlimm. Bei jeder kleinsten Infektionsmeldung, die bei uns auflief, rief er den Notstand aus. Aber im aktuellen Fall wusste ich, dass er nicht übertrieb. »Wie viele Meldungen über Neuinfektionen sind heute eingegangen?«, fragte ich ihn.

»Stand heute elf Uhr sind es 48 Neuinfektionen, von gestern liegen noch zwölf nicht bearbeitete Fälle da. Insgesamt haben wir dann 143 Positive. Von den Neuinfektionen werden gerade die Kontaktpersonen ermittelt, und wir ermitteln nur die engen Kontakte. Die weitläufigen lassen wir eh unbeachtet. Leider haben wir eine positive Familie mit vier Mitgliedern. Alle vier waren innerhalb der Inkubationszeit auf einer großen Geburtstagsfeier mit etwa zweihundert Gästen. Wir werden alle zweihundert in Quarantäne nehmen müssen, denn wir können nicht mehr exakt sagen, wer mit wem und wie lange Kontakt hatte.«

»*Okay, was schlagen Sie also vor?*« »*Wir müssen den ganzen Prozess vereinfachen. Wir müssen mehr Menschen in Quarantäne nehmen, auch auf die Gefahr hin, dass diese gar keinen wirklichen Kontakt hatten.*« »*Aber das wäre Freiheitsberaubung*«, *entgegnete ich entrüstet.* »*Wo bleibt da die Verhältnismäßigkeit!? Was ist, wenn jemand vor Gericht geht und klagt?*«

Russo lachte auf. »*So wie die Dinge gerade stehen, haben wir nicht wirklich viele Optionen. Also, entweder Sie entscheiden nun, dass wir die Definition von Kontaktpersonen großzügiger auslegen und damit riskieren, dass wir auch Unbeteiligte in Quarantäne stecken, oder Sie lassen auf der Stelle mindestens zehn neue Mitarbeiter aus dem Boden wachsen. Uns fehlt es an Personal und einem guten Programm zur Erfassung der Kranken und deren Kontaktpersonen. Heute sind die ersten Aushilfen eingetrudelt, die sind alle noch grün hinter den Ohren und haben null Ahnung.*«

Er meinte damit die uns versprochenen Contact Tracer, also die Aushilfsermittler zur Entlastung der Gesundheitsämter. »*Was sollen die uns bringen? Die machen uns nur noch mehr Arbeit, werden Fehler machen, und ich und die anderen Erfahrenen können nun auch noch babysitten.*«

Ich konnte seinen Ärger schon verstehen. In so einer Situation auch noch fachfremde Mitarbeiter einzulernen und zu betreuen, war wirklich schwer. Und Russo war kein kommunikativer Typ. Es musste schnell gehen, ohne viele Worte.

Für eine ausführliche Einarbeitung war wirklich keine Zeit. Aber wir mussten mit dem arbeiten, was wir hatten.

Fertige Amtsärzte und Hygienekontrolleure sind Spezialisten auf ihrem Gebiet. Beide sind meist wie Wein: Je älter und länger sie im Gesundheitsamt lagern, umso wertvoller werden sie. Ich kenne Hygienekontrolleure, denen machen selbst gestandene Chefärzte in Sachen Hygiene und Einhaltung von Schutzmaßnahmen nichts mehr vor.

Auch langgediente Amtsärzte bekommen von Jahr zu Jahr mehr Erfahrung und wissen, wie die Dinge laufen. Vor allem bei sogenannten Hygienekontrollen von Krankenhäusern wissen die Erfahrenen sehr genau, wo sie Mängel finden. Dabei darf man dieses Aufzeigen von Mängeln nicht als Schikane verstehen. Jeder von uns möchte unbeschadet und ohne weitere Infektion ein Krankenhaus wieder verlassen können. Damit diese Regeln der Infektionshygiene eingehalten werden, kontrollieren die Gesundheitsämter bestimmte Einrichtungen, die nach dem Infektionsschutzgesetz festgelegt sind.

Meist wird ein Begehungsteam aus Hygienekontrolleuren und Amtsärzten gebildet. Das hat mehrerlei Gründe. Auf Augenhöhe spricht es sich leichter. Soll heißen, ein Amtsarzt kann einem Chef- oder Oberarzt im Zweifel mehr entgegensetzen als ein Hygienekontrolleur, und sei es eben nur einen Doktor- oder Facharzttitel.

Im besten Fall haben Amtsärzte vor ihrer Tätigkeit im Gesundheitsamt in einem Krankenhaus gearbeitet und sind somit mit den Abläufen und Gepflogenheiten vertraut.

Insgesamt ist also diese überwachende Tätigkeit sowohl für Hygienekontrolleure als auch für Amtsärzte eine erfüllende Aufgabe. Doch wie konnte es nun dazu kommen, dass ein derart großer Personalmangel dieser beiden Berufsgruppen in den Ämtern entstand?

Wer die Qual hat, hat nicht immer die Wahl
In einem Gesundheitsamt arbeiten Menschen aus vier verschiedenen Tarifgruppen.

Es gibt Angestellte und Beamte. Angestellte haben einen schlichten Arbeitsvertrag, Beamte werden ernannt und bekommen eine Urkunde. Urkunden sind schön, denn dort wird gleich der jeweilige Titel genannt, den man tragen darf, beispielsweise Hygienesekretär oder Medizinalrat. Das macht schon was her. Diesen Titel darf man übrigens behalten. Selbst nach dem Ausscheiden aus dem aktiven Dienst dürfte ich mich noch Medizinaldirektor a. D. nennen. Das a. D. steht für »außer Dienst«. Ob ich mir diesen Titel mal auf den Grabstein schreiben lasse, habe ich noch nicht endgültig beschlossen.

Nun wird aber noch einmal innerhalb der Gruppe der Angestellten und der Beamten unterschieden.

Es gibt die sogenannten kommunalen Angestellten und Beamten und die staatlichen Angestellten und Beamten. Wo liegt nun der Unterschied? Die kommunalen Angestellten und Beamten werden direkt bei den Gemeinden, Städten oder Landkreisen, also den Landratsämtern eingestellt oder von ihnen ernannt. Die Entscheidung über diese Einstellung trifft der jeweilige Boss, in der Gemeinde also der Bürgermeister, in der Stadt der Oberbürgermeister und im Landratsamt der Landrat. Natürlich immer im Einvernehmen mit der Personalstelle. Bezahlt werden diese Angestellten und Beamte dann auch von den Kommunen.

Die staatlichen Angestellten und Beamten hingegen sind dem jeweiligen Bundesland, beispielsweise dem Freistaat Bayern, unterstellt, der damit oberster Dienstherr ist. Meist werden die Einstellungen an die jeweiligen Ministerien delegiert, die wiederum das ganze Prozedere den Regierungsbezirken überlassen. Zumindest ist das in Bayern so. Die Haushaltsstellen werden also vom Bundesland eingerichtet und bezahlt. Deshalb kann beispielsweise jeder bayerische Beamte auch innerhalb Bayerns versetzt werden. Ein kommunaler Beamter allerdings nur innerhalb seiner Kommune.

Wird nun eine Stelle im Gesundheitsamt ausgeschrieben, dann kommt es zunächst darauf an, wer einstellt und bezahlt: Ist es also die Kommune oder der Staat?

Die meisten Mitarbeiter in einem Gesundheitsamt sind staatlich. Das bedeutet aber auch, dass die jeweilige Regierung das Auswahlverfahren und die Einstellung vornimmt und dann dem Gesundheitsamt den eingestellten Mitarbeiter einfach schickt. In der Praxis macht man es sich ein bisschen komfortabler. Der jeweilige Regierungsbezirk delegiert die komplette Einstellung an das Landratsamt beziehungsweise an das Gesundheitsamt. Personalverwaltung und Gesundheitsamtsleiter führen die Gespräche, wählen aus und schicken eine Vorschlagsliste mit Platznummerierungen an die Regierung zurück. In den meisten Fällen stimmt hierauf die Regierung auch zu und nimmt die Einstellung vor.

Es gibt aber auch Fälle, in denen die Regierung selbstständig das Auswahlverfahren übernimmt. Das ist meist bei den neu einzustellenden Ärzten der Fall. Der bereits auserwählte Kandidat darf sich dann noch pro forma im Gesundheitsamt vorstellen. Aber eine wirkliche Entscheidungsfreiheit steht dem Amtsleiter dabei nicht mehr zu. Die Würfel sind bereits gefallen. Er muss diesen neuen Mitarbeiter nehmen. Punkt.

Das führt natürlich gelegentlich zu Spannungen. Ein Chef sollte sein Team kennen. Er weiß auch, beziehungsweise er sollte wissen, wie sein Team tickt. Und es ist kein Geheimnis, wenn ich nun sage, dass manche Menschen entweder ihren Beruf verfehlt haben oder nicht in ein Team passen. Ein Gespür, wer ins Team passt, oder eben nicht, entwickeln Chefs durchaus im Laufe ihrer Tätigkeit. Auch Gesundheitsamtsleiter.

Gleichwohl muss nun ein Gesundheitsamtsleiter einen neuen Arzt bei sich aufnehmen, auch wenn er von diesem nicht wirklich überzeugt ist. Das so etwas nicht immer von Erfolg gekrönt ist, kann wohl jeder nachvollziehen. Solch ein Vorgang ist sicher auch nur in Behörden möglich – in Privatfirmen wäre das undenkbar.

Dieses Prozedere mutet auch deshalb seltsam an, weil die einstellenden Regierungsbeamten kilometerweit entfernt sind und von den Problemen an einem Gesundheitsamt oder einem Landratsamt wenig mitbekommen. Da das Gesundheitsamt ein Teil des Landratsamtes ist, hat das Landratsamt dieses Problem für die Regierung zu lösen.

Den einstellenden Regierungsbeamten sind auch die Platzprobleme, die ein Amt nun mal hat, völlig egal. Aufgrund der Pandemie wurden kurzfristig Stellen geschaffen oder eben Personal aus anderen Behörden abgestellt. Das Personal, das dann an die Ämter kam, konnte aber nicht überall untergebracht werden. Und so mussten die Landratsämter ausbügeln, was ihnen die staatlichen Stellen eingebrockt hatten: ein enormes Platzproblem. In Zeiten einer Pandemie, in der immer mehr auf Kontaktreduzierung gesetzt wurde, war das ein ziemlich großes Problem. Zudem konnte eine gute und strukturierte Einarbeitung neuer Mitarbeiter nicht stattfinden. Egal, ob im Sekretariat oder im ärztlichen Bereich: Neue Mitarbeiter benötigen eine Einarbeitung. Selbst der qualifizierteste Facharzt aus einem anderen Bereich ist mit den Strukturen, Abläufen und fachlichen Themen eines Gesundheitsamtes nicht vertraut und kann zunächst keine Entlastung sein. Eine Wahrheit, die schmerzt. Auf beiden Seiten.

Eine Anekdote: Die erste groß angekündigte Personalwelle im Jahr 2020 kam zu spät, denn als genügend Contact Tracer zur Verfügung standen, sanken bereits die Zahlen der positiven Fälle dramatisch; der Frühsommer war gekommen, und respiratorische Erreger folgen der Saisonalität, sehr wahrscheinlich also auch SARS-CoV-2. Weshalb es zwar viele Mitarbeiter, aber zu wenig Arbeit in den Ämtern gab. Das sorgte natürlich nun wieder bei den neuen Mitarbeitern zu Frustration, und so gingen die zu uns abgeordneten Aushilfen alsbald wieder an ihre ursprünglichen Ämter zurück.

Erschöpft und ausgelaugt
Die Kolleginnen und Kollegen in der ambulanten und stationären Versorgung sind natürlich die Ärzte, an die man an erster Stelle denkt, wenn man das Wort »Arzt« hört. Gleichsam wie ihre Heldenvorbilder aus der »Schwarzwaldklinik«, dem »Bergdoktor«, »Emergency Room«, »Dr. House«, »Grey's Anatomy« und so weiter retten diese Kollegen täglich Dutzende von Menschenleben und zahlen dafür selbst einen hohen Preis. Tag und Nacht sind sie im Einsatz, das Privatleben findet nur innerhalb der Klinik statt, weshalb die Partnerschaften auch fast ausschließlich innerhalb des Arbeitsumfeldes geknüpft werden. Und gelegentlich lässt der Held in Weiß auch mal sein gutes Leben bei einem Einsatz für einen Patienten.

Nun, Sie merken es bereits, ich übertreibe. Denn was sich in Filmen und Serien so schön anschauen lässt, entspricht halt selten der Realität. Aber keine Frage; die rettenden Kollegen unter uns leisten in der Tat Unglaubliches und dürfen zu Recht stolz auf sich sein.

Man könnte meinen, die Ärzte im Gesundheitsamt hätten dagegen ein lockeres Leben ...

Frederik Heinz kannte ich schon seit vielen Jahren. Er war für mich der Prototyp eines Beamten. Als studierter Mediziner hatte er auch die Approbation als Arzt erworben, aber keinen einzigen Tag als solcher gearbeitet.

Wir verloren uns nach dem Studium aus den Augen. Erst, als ich in den Öffentlichen Gesundheitsdienst eintrat, hörte ich wieder von ihm. Frederik hatte sich nach dem Studium mehr dem Infektionsschutz und der Hygiene als den Patienten gewidmet.

In diesem Thema ging er voll auf. Er beriet Krankenhäuser und Arztpraxen, schrieb Bücher und veröffentlichte bemerkenswerte Fachartikel. So muss es also nicht verwundern, dass er ein Ange-

bot vonseiten des Öffentlichen Dienstes bekam und sehr schnell Leiter eines großen Gesundheitsamtes wurde.

Eines Abends trafen wir uns nach langer Zeit des Lockdowns endlich wieder einmal auf ein Glas Wein. Wir diskutierten über einige Maßnahmen der Coronastrategie und hatten uns dazu ein paar Artikel zurechtgelegt. Ich bemerkte, wie sehr ihm die Situation zu schaffen machte. Seit Monaten beschäftigte uns nun diese Krise, und an keinem von uns gingen die zahlreichen Arbeitsstunden und die Belastungen spurlos vorüber. Aber bei ihm schien der Fall noch einmal weitaus schlimmer.

Er erzählte mir von seiner Familie, seinen Kindern und davon, dass seine Frau bereits mit ihm über eine Trennung gesprochen habe, wegen der vielen Überstunden, seiner Unausgeglichenheit und dem einzig beherrschenden Thema Corona daheim. Er berichtete mir von den ausgefallenen Urlauben, von den Wochenenden, die er im Büro oder außerhalb bei Massentestungen verbrachte.

Sehr betroffen schilderte Frederik, wie er den zehnten Geburtstag seiner Tochter Marie einfach vergessen hatte. Obwohl seine Frau ihn tags zuvor noch daran erinnert hatte, obwohl er bereits den fertigen Kuchen und die verpackten Geschenke gesehen hatte. An diesem Tag ging Frederik ins Büro, er wollte nur kurz bleiben. Marie hatte Schule, und er wollte spätestens nach Schulschluss zu Hause sein.

Aber der Bürotag begann grauenvoll. Bereits in der Eingangstür kam die erste Frage einer aufgeregten Mitarbeiterin, eine wichtige Entscheidung musste getroffen werden. Das Telefon klingelte ununterbrochen, die Fragen der Bürger und Einrichtungen schienen kein Ende mehr zu nehmen. Und dann der Super-GAU: In einem landwirtschaftlichen Betrieb wurde eine Saisonkraft positiv auf SARS-CoV-2 getestet. Dieser Betrieb war bereits bekannt, allerdings in äußerst negativer Hinsicht. Und so mussten Frederik und zwei weitere Mitarbeiter auf diesen Betrieb, um die Sachla-

ge zu überprüfen. Die bereits bekannten Hygienekonzepte waren unbefriedigend, die Situation alles andere als überschaubar.

Aufgrund der zahlreichen Hygienemängel und der schlechten Mitarbeit des Inhabers – es bestand der Verdacht auf illegale Beschäftigungen – war Frederik mit seinem Team, dem Ordnungsamt und der Polizei bis kurz vor Mitternacht beschäftigt. Alle rumänischen Saisonkräfte mussten erfasst und in Quarantäne genommen werden. Mit den Saisonkräften gab es massive sprachliche Verständigungsschwierigkeiten, die Frederik veranlassten, einen Dolmetscher hinzuzuziehen. Das alles kostete Zeit.

Als ihn seine Frau am späten Nachmittag anrief, konnte er kaum glauben, dass er über all dem den Geburtstag seiner Tochter vergessen hatte. Er sprach später mit Marie und versuchte zu erklären, was nicht mehr erklärbar war. Sie trug es mit Fassung und verzieh ihm, so wie Kinder das tun.

Doch er selbst konnte es sich nicht verzeihen.

Wer mit Peanuts bezahlt, bekommt Affen

An diesen Spruch muss ich sehr oft denken, wenn es um fehlendes Personal geht. Jeden Medizinstudenten quält irgendwann die Frage, in welches Fachgebiet er gehen möchte. Die Epidemiologie oder der Öffentliche Gesundheitsdienst spielen bei diesen Gedanken selten eine Rolle. Warum ist das so? Nun, unser Image ist zu schlecht. Von praktisch arbeitenden Epidemiologen hört man so gut wie nichts, und von den Gesundheitsämtern war vor Corona wenig Gutes oder gar nichts zu hören.

Der Notarzt mit Blaulicht und roter Jacke fällt auf, er kommt mit Blaulicht daher und ruft tolle Sätze wie »Lassen Sie mich durch, ich bin Arzt« oder »Alle weg vom Patienten, Schock« oder »Mehr Adrenalin«. Der Notarzt rettet Leben, nimmt die Kranken mit, transportiert sie sicher in die Klinik, um anschließend ein weiteres Leben zu retten.

Der Chirurg ist cool, ständig im Operationssaal mit den Schwestern flirtend und gleichzeitig am Patienten schneidend. Wenn er nicht gerade über seinen vergangenen Tauchurlaub auf den Malediven berichtet, dann sagt er Dinge wie »Mehr absaugen«, »Tupfer«, »Skalpell«, »Haken« und Ähnliches.

Der Chirurg an sich hat etwas Dominantes. Wenn er etwas sagt, dann ist das so. Ende. Immerhin hat er ein Messer in der Hand und natürlich auch keine Zeit für Höflichkeiten, er spart sich »Bitte« und »Danke«. Klar. Heroisch beugt er sich gerade über einen geöffneten Leib und sucht verzweifelt das Loch in der Arterie, aus der das Blut herausspritzt. Da bleiben höfliche Gepflogenheiten gerne mal auf der Strecke. Leider vergessen manche Chirurgen, wenn sie den OP-Saal wieder verlassen haben, dass nicht jeder Mensch einer ihrer Patienten ist.

Der Kinderarzt dagegen ist quasi das Gegenstück des Chirurgen. Höflich und freundlich bei der Untersuchung, mit viel Zeit und noch mehr Geduld erträgt er sämtliche Fragen überforderter Väter und ihn anhimmelnder Frauen.

Kinderärzte können gut mit Kindern umgehen, sie schauen meist unverschämt gut aus, haben einen jugendlichen Style, oft einen Lockenkopf und sind einfach klasse. Mit ihrer Souveränität entlocken sie dem bockigsten Dreijährigen ein Lächeln und haben während einer Ganzkörperuntersuchung immer noch eine weitere Hand für eine Fingerpuppe frei. Da schmilzt natürlich jedes Mutterherz sofort dahin, denn im Vergleich hierzu ist ihr gewählter Göttergatte bereits nach einem Viertel-Mandala mit dem Sprössling derart erschöpft, dass er sofort die Couch für ein Schläfchen aufsuchen muss. Kein Wunder also, dass man bei einem Speeddating einen entscheidenden Vorteil hat, wenn man schnell »Kinderarzt« ausruft.

Diese Liste könnte ich nun um viele Facharztgruppen erweitern. Ich möchte lediglich damit aufzeigen, dass es attraktive und weniger attraktive Fachrichtungen im Arztberuf gibt. Und so verwundert es kaum, dass der langweilige Amtsarzt, grau im Gewande und Gesicht, mit Schlips und Kragen und wenig wortreich, wenig Ansehen und Anerkennung genießt.

Selbst nach inzwischen einem Jahr der Pandemie sind Amtsärzte in den Medien wenig präsent. Dafür hatten vor allem Virologen, Notfallmediziner, Physiker und Mathematiker Hochkonjunktur. Ähnlich wie wir sind doch diese Vertreter ihrer Fachrichtungen, die Notfallmediziner seien hier explizit ausgenommen, ebenfalls lichtscheue Wesen. Aber aus irgendeinem Grund haben sie es geschafft. Das verwundert. Denn unsere Expertise wäre sicherlich ganz hilfreich in dieser Pandemie gewesen. Physiker können bestimmt gut modellieren, doch mit Hygiene, Infektionen, Viren und dem menschlichen Verhalten kennen sich diese Fachleute nun mal nicht aus.

Doch die Gesundheitsämter wurden nicht gefragt. Über uns wurde bestimmt. Die Politik bestimmte, wie wir mit dieser Pandemie umzugehen hatten, ohne dabei tatsächliche Kenntnisse aus der täglichen Arbeit eines Gesundheitsamtes zu haben. Die Politik bestimmte und gab ihre Entscheidungen bis ganz nach unten, also zu den Gesundheitsämtern, weiter. Beraten wurde die Politik von vielen vermeintlichen Fachleuten. Auffällig dabei war aber dennoch, dass sich darunter wenig praxisnahe und kritische Personen fanden. Leiter von Gesundheitsämtern waren in diesen Beratungsgremien nicht vertreten. Zumindest wurde darüber nichts kommuniziert.

COVID-19 war und ist unsere Pandemie. Damit meine ich, dass wir, die Vertreter des Öffentlichen Gesundheitsdienstes, bei vielen Entscheidungen hätten mitsprechen sollen und sogar müssen.

Wir wurden zwar in die Arbeit eingebunden, aber entscheiden konnten wir nichts. Wir durften nur arbeiten und Überstunden machen. Wenn etwas schieflief, dann wurden erst einmal die Gesundheitsämter verantwortlich gemacht. Lief alles gut, oder galt es beispielsweise, eine Teststation einzuweihen, dann war die Stunde der Politiker gekommen. Lächelnd und mit Halbwissen stellten sie sich der Presse.

Man braucht nun keine Tabellen zu wälzen und große Berechnungen anzustellen, um Folgendes zu wissen: Wer im Öffentlichen Dienst arbeitet, verdient – in vergleichbarer Position mit vergleichbarer Verantwortung – weniger Geld als in der Privatwirtschaft.

Vor allem am Anfang der Karriere. Egal, ob Ärzte, Hygienekräfte oder andere Mitarbeiter eines Gesundheitsamtes. Die meisten beginnen in der sogenannten Eingangsstufe. Dabei spielt die bisherige Ausbildung oder Qualifikation des Neueinsteigers eine untergeordnete Rolle. Und hier beginnt bereits das Drama. War es früher noch erstrebenswert, eine Beamtenkarriere zu durchlaufen, so spielt das heute bei jungen Erwachsenen eine eher untergeordnete Rolle.

Die Vorteile des Beamtentums hinsichtlich Absicherung im Krankheitsfall und der immer wieder kritisierten, weil angeblich zu hohen Pensionsansprüche, sind nicht von der Hand zu weisen und sicher vorteilhaft. Doch kann man auch in der Privatwirtschaft bei gutem Einkommen und zusätzlicher Vorsorge mit den Leistungen des Öffentlichen Dienstes gleichziehen.

Erhebliche Benachteiligungen innerhalb des Öffentlichen Dienstes gibt es allerdings zwischen Beamten und Angestellten.

Beamte müssen sich nicht um den Lebensunterhalt sorgen, sie werden vom Staat alimentiert, also vom Staat versorgt. Damit müssen Beamte – im Gegensatz zu Sozialversicherungspflichtigen – nicht in das Sozialsystem einbezahlen. Zudem wählen viele Beamte die Privatversicherung bei der Krankenversicherung, da der Staat den Arbeitgeberanteil bei der gesetzlichen

Krankenversicherung nicht übernimmt, aber eine Beihilfe im Krankheitsfall zahlt. Zwar müssen Beamte eine berufliche Versetzung hinnehmen, arbeitslos können sie indes nicht werden.

Allerdings sind diese Vorteile, sofern man sie als solche überhaupt erkennt, für die junge Generation nicht mehr motivierend. Wer denkt schon mit Mitte dreißig an Krankheit und Pension?

So ist es für viele Neubeamte befremdlich, wenn der ältere Kollege, bei gleicher Motivation und Arbeitsleistung, fast das Doppelte verdient. Und das eben nur, weil er aufgrund seines Alters und der Zugehörigkeitsdauer in immer höhere Gehaltsstufen und Gruppierungen geschoben wurde.

Bei Beamten zählt das sogenannte »Leistungsprinzip«. In einem festgelegten Jahresrhythmus werden Beamte innerhalb der verschiedenen Qualifikationsstufen beurteilt. Das heißt, die Beamten werden von ihrem direkten Vorgesetzten schriftlich in einem Punktesystem bewertet und von dieser Bewertung hängt dann die nächste Beförderung ab.

Es braucht nun nicht wirklich viel Vorstellungskraft, um zu erkennen, dass bereits hier ein grober Fehler vorliegt. Denn durch dieses Beurteilungs- und Beförderungssystem wird den Beamten zunächst mal das »Bücken und Dienen« beigebracht. Wer nicht auf der Linie des Chefs ist, der bekommt im Beurteilungsranking weniger Punkte als der Durchschnitt der zu Beurteilenden, und schon geht man in der nächsten Beförderungsrunde leer aus. Um das zu verhindern, lernt der junge Beamte sehr schnell, nicht zu widersprechen.

Dieses Prinzip gilt für alle Beamten und in jeder Behörde, quer durch alle Institutionen. Auch in einem Gesundheitsamt. Junge Amtsärzte oder Hygienekontrolleure wissen, dass sie dem Amtsleiter im Hinblick auf ihre nächste Beförderung und Beurteilung nicht zu häufig widersprechen sollten.

Wer nun denkt, dass der Gesundheitsamtsleiter davor gefeit ist, der täuscht sich. Denn auch dieser muss beurteilt werden, und einige Amtsleiter haben noch nicht die sogenannte Endstufe ihrer Beförderungsmöglichkeiten erreicht.

Und von wem werden die Gesundheitsamtsleiter in letzter Konsequenz beurteilt? Von ihren Landräten oder Oberbürgermeistern beziehungsweise von den Abteilungsleitern oder Kommunalreferenten, an deren Abteilung das Gesundheitsamt angegliedert ist, denn diese sind letztendlich die Vorgesetzten der Gesundheitsamtsleiter. Damit dürfte das Abhängigkeitsverhältnis der Beamten klar werden. Denn so ziemlich jeder Beamte hat einen Vorgesetzten. Lediglich Politiker, die zwar nach den Besoldungsstufen des Beamtenrechts vergütet werden, unterliegen nicht diesem System. Dafür müssen sie befürchten, dass sie bei der nächsten Wahl vom Wähler abgestraft werden.

Also sind alle Beamten, auch die hochrangigen in den Ministerien, Teil dieses Systems. Insofern ist es nicht verwunderlich, dass auch in den Ministerien die jeweiligen Minister mit wenig Widerspruch zu rechnen haben.

Weiterhin werden junge Mitarbeiter sehr schnell demotiviert. Den Spruch, »Das haben wir schon immer so gemacht«, hören junge Kollegen viel zu oft. Dabei übersehen die alten Chefs und auch ältere Kollegen das enorme Potenzial der jungen Kollegen. Und als Leiter muss man stets bereit und aufgeschlossen für Neuerungen sein.

Leider haben es sich einige Beamte viel zu bequem eingerichtet. Die Tage waren vor Corona sehr starr. Ich selbst musste immer wieder in den unterschiedlichen Behörden erleben, wie eingefahren das ganze System und die Abläufe der einzelnen Institutionen waren. Selbst die Einnahme des Mittagessens wurde zeitlich peinlich genau eingehalten. Dienstschluss war Dienstschluss! Punkt. An den Freitagen wurden wir angehalten, spätestens um 13 Uhr nach Hause zu gehen. Mit Argusaugen wachten die jeweiligen Chefs über längere Anwesenheiten. So musste ich mich schon rechtfertigen, weil ich zu lange im Büro blieb, um einen Vorgang fertigzustellen. Ich wurde also nicht ermahnt, mehr zu arbeiten; ich wurde angehalten, weniger und langsamer zu arbeiten.

Es herrscht eine derartige Angst vor Überlastung in den Amtsstuben der Gesundheitsämter, dass man den Wald vor lauter Bäumen nicht mehr überblickt. Das kommt sicher durch einen gewissen Gewöhnungseffekt. Ich gehe davon aus, dass sich so einige an ein sehr entschleunigtes Leben im Öffentlichen Gesundheitsdienst gewöhnt hatten. Arbeit und Belastung sind wie Muskeln, werden diese nicht ständig trainiert und beansprucht, dann verkümmern sie.

Neue Mitarbeiter, vor allem wenn diese direkt aus einem Krankenhaus kommen, kennen diese Form der entschleunigten Arbeit nicht. Zudem kennen sie das »Verwaltungsarbeiten« nicht. Aktenvermerke, Protokolle, Formulierungen, Hierarchien, politische Gegebenheiten; hier stößt der Neuling ziemlich schnell an seine Grenzen.

So lehnen beispielsweise immer noch einige Ämter die Durchführung einer Impfung direkt im Gesundheitsamt ab. Das können natürlich neue Kollegen, die gerade eben noch kurativ im Krankenhaus oder in einer Praxis tätig waren, nicht nachvollziehen. Ich übrigens auch nicht. Denn es wäre so einfach. Der Patient steht bereits vor dem Amtsarzt aufgrund eines Untersuchungsauftrages. Dabei wird regelmäßig der Impfausweis kontrolliert.

Fehlt nun beispielsweise bei einer angehenden Lehrkraft die zweite Masern-Mumps-Röteln-Impfung, dann wäre es doch ein Leichtes, diese sofort an Ort und Stelle nachzuholen. Davon könnten wirklich alle profitieren. Die Lehrkraft, sofern sie im

Gesundheitsamt diese Impfung möchte, bräuchte keinen weiteren Termin bei einem anderen Arzt. Aber auch der Öffentliche Gesundheitsdienst kann davon profitieren, denn eine Impfung ist keineswegs kurativ, sondern präventiv. Damit könnte auch der Öffentliche Gesundheitsdienst die niedergelassenen Ärzte unterstützen, die stets wegen Arbeitsüberlastung klagen.

Auch bei den amtsärztlichen Untersuchungen zeigen vor allem die jungen Kollegen noch eine hervorragende Motivation. Peinlich genau wird mit den wenigen Hilfsmitteln, die ihnen zur Verfügung stehen, untersucht, das ärztliche Gespräch (Anamnese) wird gewissenhaft gemacht und dokumentiert.

Leider hilft das alles nichts, wenn dann der junge Amtsarzt den fünfzigjährigen Finanzbeamten wegen chronischer Kopfschmerzen nicht in Frühpension schicken mag. Spätestens wenn der Gesundheitsamtsleiter davon erfährt, entweder weil der junge Kollege das Gespräch sucht oder weil sich der Finanzbeamte offiziell beschwert, wird der junge Amtsarzt gebremst. Denn was viele Chefs überhaupt nicht mögen, sind Auseinandersetzungen. Die Beschwerden landen beim Landrat oder Oberbürgermeister oder gleich direkt vor Gericht. Beides mag die Amtsleitung gar nicht. Viel zu aufwendig sind solche Verfahren.

Also wird sich der Chef gegen seinen jungen Mitarbeiter und für den Patienten entscheiden. Sie dürfen mir glauben, dass ich solche Vorgänge selbst als Untergebener oft genug erlebt habe und dass viele Amtsärzte, die diese Zeilen hier lesen, nicken und schmunzeln werden. Natürlich nicht die Chefs. Aber das ist die Realität in den Gesundheitsämtern, und diese Liste der absurden Realitäten ließe sich beliebig lange fortführen.

Es fehlt den Ämtern an Qualitätsstandards und guten Führungskräften. Das Beamtenwesen an sich und seine ritualisierten Handlungen sind überholt und nicht mehr zeitgemäß. Dies zeigte sich bereits seit Jahren und nun überdeutlich in der Pandemie.

Diese schwappte in die Gesundheitsämter und traf auf alte und verkrustete Strukturen mit wenig Personal. Gleich einer ungeschützten Bevölkerung, auf die das Virus traf, wurden ihre Auswirkungen in den Gesundheitsämtern sichtbar.

Schutzkleidung und Desinfektionsmittel
Als die ersten Fallzahlen in den Gesundheitsämtern eintrafen, waren diese relativ schnell am Ende, auch was das Material betraf.

Innerhalb kürzester Zeit fehlte es an Schutzkleidung und Desinfektionsmitteln. Da die Gesundheitsämter auch PCR-Tests durchführen sollten, waren Schutzkleidungen essenziell. Doch wer hatte schon so üppig im Voraus geplant? Jedes Amt hatte natürlich einige Schutzausrüstungen auf Lager. Diese wurden ja immer wieder mal gebraucht, beispielsweise bei Ausbrüchen von Magen-Darm-Erkrankungen in einem Kindergarten. Dann mussten die Hygienekontrolleure die Einrichtung besuchen, die Fälle ermitteln und die Hygienemaßnahmen überwachen. Ebenso in den Alten- und Pflegeheimen, in denen es jedes Jahr im Herbst und Winter Ausbrüche gab.

Als Corona aber kam, waren die Materialbestände in den meisten Gesundheitsämtern schnell leer. Weder Schutzausrüstungen noch Desinfektionsmittel waren beschaffbar. Obwohl wir im Amt noch Vorräte hatten, bestellten wir. Die Bestellung wurde noch bestätigt, die Lieferung blieb aber aus.

Und so konnten manche Ämter keine PCR-Abstriche mehr durchführen, weil schlicht und ergreifend das Material fehlte und auch nicht mehr zu besorgen war. Die Länder und die Bundesregierung hatten es versäumt, die notwendige Vorratshaltung dieser Materialen einzuberechnen. Der Öffentliche Gesundheitsdienst und die Politik waren nicht auf diese Pandemie vorbereitet.

Und das, obwohl ein fertiger Pandemieplan für eine Influenza, aktualisiert im März 2017, vorlag. Und in diesem Pandemieplan werden sehr schön die infektionshygienischen Maßnahmen und deren Ziele beschrieben. Unter anderem sind hier Schutzkleidung und Desinfektionsmaßnahmen benannt. Wenn nun diese Maßnahmen bereits in einem Pandemieplan vorkommen, dann sollten doch zumindest diese Materialien in ausreichender Menge vorhanden sein. Warum wurde also nicht regelmäßig der Bestand dieser notwendigen Materialien überprüft und immer wieder für den Fall einer Pandemie angepasst? Es macht in meinen Augen sehr wenig Sinn, wenn man theoretische Pläne in Schubladen hält, ohne dass die Inhalte immer wieder überprüft und entsprechend anpasst werden. Besonders vor dem Hintergrund, dass ja in jedem Winterhalbjahr die Influenza bei uns eine Rolle spielt. Und jedes neue Influenzavirus beinhaltet das Risiko für eine Pandemie. Insofern ist mir diese Untätigkeit der obersten Behörden ziemlich unverständlich.

Fachleute und Politiker schätzten die aus China kommende Erkrankung anfangs nicht schlimmer als einen Schnupfen ein. Auch das Tragen von Masken wurde zunächst nicht empfohlen, auch deshalb, weil man deren Wirksamkeit bestritten hatte. Der Hintergrund für diese »Nichtempfehlung« dürfte aber ein anderer gewesen sein. Zu diesem Zeitpunkt wusste man schon, dass die Schutzmasken, also FFP und chirurgische Masken, zur Neige gehen würden. Wenn nun die Bürger angefangen hätten, diese Masken aufzukaufen, hätten die medizinischen Mitarbeiter bald keine mehr gehabt. Das musste vermutlich verhindert werden. Also wurde zunächst davon abgeraten.

Erst, als die ersten Bürger anfingen, selbst genähte Masken zu produzieren, wurden die Empfehlungen dahin gehend geändert, dass nun diese Masken zu tragen seien. Leider ohne wissenschaftliche Evidenz der Wirksamkeit von sogenannten Community-Masken.

Das Bayerische Staatsministerium für Gesundheit und Pflege schrieb noch bis Ende September 2020 auf seiner Homepage, dass im Falle einer Influenzapandemie mit dem Tragen von Atemschutzmasken und Mund-Nasen-Schutz durch die Allgemeinbevölkerung keine wesentliche Reduzierung der Übertragung zu erwarten sei, weshalb das Tragen dieser Masken nicht empfohlen wurde. Der Hauptübertragungsweg sei nämlich im privaten Umfeld zu sehen. Im Oktober wurde diese Aussage dann geändert. Interessant ist diese Änderung vor dem Hintergrund, dass SARS-CoV2-Viren und Influenzaviren von der Größe in etwa gleich sind und der Übertragungsweg beider Viren so ziemlich identisch ist. Auch auf diesen Umstand hatte ich mehrmals hingewiesen.

Und wenn nun schon das Bayerische Gesundheitsministerium das Tragen von höherwertigen Masken nicht empfiehlt, warum kann dann ein Gesundheitsamt nicht einfach sagen, dass Community-Masken wenig bringen?

Welche Macht hat ein Gesundheitsamt überhaupt? Die Antwort wird Sie schockieren. Ein Gesundheitsamt hat wenig zu sagen.

Der dressierte Gaul im Stuhl

Gesundheitsämter besitzen weit weniger Entscheidungsfreiheit, als es den meisten Menschen bekannt sein dürfte.

Sie bekommen Vorgaben, die sie dann umzusetzen haben. Diese Vorgaben kommen meist aus den Ministerien oder den vorgesetzten Fachstellen der jeweiligen Regierungsbezirke.

Schriftliche Vorgaben aus den Ministerien nennt man ministerielle Schreiben. Das hört sich sehr offiziell an, ist es auch, und oft sind diese Schreiben in der Folge mit viel Arbeit verbunden. Denn schon kleine Änderungen in den Vorgaben können große Auswirkungen auf die Ämter haben. So kann ein einziger Satz den kompletten Ablauf eines gut eingespielten Prozederes über den Haufen werfen.

Beispielsweise passiert das, wenn Anordnungen getroffen werden, die fern jedweder Realität eines Gesundheitsamtes sind. Im Laufe der Pandemie kamen einige ministerielle Schreiben in unseren Ämtern an. All diese Anordnungen innerhalb des vorgegebenen Zeitraumes umzusetzen, hätte wohl kein Amt in der Realität geschafft. Wenn etwa innerhalb kürzester Zeit ein neues Softwareprogramm eingeführt und benutzt werden soll, während den Mitarbeitern die Arbeit bis zum Hals steht, dann ist eine solche Anordnung zwar nett gemeint, aber schlecht gemacht. Denn ohne Einarbeitung kann niemand ein neues Programm anwenden. Und für eine Einarbeitung war in der Pandemie schlichtweg keine Zeit.

Auch die Anordnung, die Ämter mögen bitte die Kontaktpersonen von positiv Getesteten an mehreren Tagen abstreichen, war kaum durchführbar. Niemand konnte die Zeit aufbringen, diese Tests durchzuführen. Zumal diese Tests nur von medizinischem Personal durchgeführt werden durften. Und dieses Personal war ja bekanntlich ebenfalls Mangelware.

Wie kann es also sein, dass Gesundheitsämter diese Anordnungen überhaupt bekommen und vor allem, wie kann es sein, dass eine Vielzahl von Anordnungen so realitätsfremd sind?

Grundsätzlich sind ministerielle Schreiben zu bestimmten Sachthemen völlig legitim, denn dadurch wird eine gewisse Einheitlichkeit erreicht. Jedes Amt macht es dann gleich, so zumindest die Theorie.

Die Ministerien werden von Vertretern der jeweiligen Parteien der aktuellen Regierung besetzt. So verwundert es kaum, dass viele Anordnungen aus den Ministerien politisch geprägt sind. Legt nun die Opposition bei einem bestimmten Thema den Finger in die Wunde der regierenden Parteien und des zuständigen Ressorts, erfolgt reflexartig eine Reaktion.

Ein gutes Beispiel hierfür waren die Schlachthöfe und deren Mitarbeiter.

Im ersten Halbjahr 2020 kam es in einem bayerischen Schlachthof zu einem COVID-19-Ausbruch. Eine Vielzahl an Mitarbeitern, alle aus dem Schlachthaus, wurden positiv getestet. Schnell wurden die Arbeitsbedingungen und die Wohnsituation der Leiharbeiter diskutiert. Völlig zu Recht, denn so manche Leiharbeiter oder Saisonkräfte arbeiten und wohnen in inakzeptablen Verhältnissen. Die Konsequenz, die sich daraus ergab, war aber nicht, dass man die Verhältnisse änderte. Plötzlich standen diese Leiharbeiter am Pranger, ihnen wurde vorgeworfen, das Virus mitgebracht und verteilt zu haben.

Und für die Gesundheitsämter kam nun inmitten der laufenden Pandemie eine weitere Aufgabe zu. Es sollten alle Schlachthöfe ab einer bestimmten Größe in Bayern kontrolliert werden. Und hier versagte wieder eine Anordnung in ihrer Logik. Denn in meinem Landkreis gab es ebenfalls einen Schlachtbetrieb, der unter diese Regelung fiel. Allerdings hat dieser Schlachtbetrieb weder Leiharbeiter noch Wohncontainer, in denen Mitarbeiter untergebracht wären. Die Mitarbeiter wohnten zu der Zeit in »normalen« Häusern und Wohnungen und waren allesamt auch keine Leiharbeiter. Gleichwohl sollten sie getestet werden.

Ich habe mich damals schriftlich gegen diese Anordnung gewehrt und zunächst auch geweigert, sie umzusetzen. Als Beamter hat man diese Möglichkeit, wenngleich es auch eine sehr schwache ist. Meine Argumente wurden aber nicht gehört, und ich bekam die schriftliche Anweisung, diese Reihentestung durchzuführen.

Die Schreiber solcher Anordnungen sind oft zu weit von der Praxis entfernt, sodass dadurch eine Disbalance zwischen Anordnung und Durchführbarkeit entsteht. Und nicht nur das.

Ein weiterer, ungewollter Effekt entsteht, weil jedes Amt diese Anordnung nach seinen Möglichkeiten auslegt. Und dadurch passiert eben genau das, was eigentlich hätte verhindert werden sollen, nämlich eine Uneinheitlichkeit.

Vor allem in der Pandemie wäre es oftmals besser, wenn die Politik nicht reflexartig entscheiden würde. Die Gesundheitsämter wurden dadurch noch mehr belastet, und das Ergebnis wurde dem Aufwand selten gerecht.

9. Vorgelagert, nachgelagert

Der oberste Beamte im Landkreis
Für seinen Landkreis ist er der Chef. Er ist ein gewählter Repräsentant, Behördenleiter, Beamter auf Zeit und bestimmt die Geschicke des Landkreises: Der Landrat.

Seine Aufgaben sind klar umrissen. Landräte leiten die Verwaltung des jeweiligen Kreises und vertreten alle im Landkreis zusammengefassten Kommunen nach außen. Landräte werden je nach Bundesland auf unterschiedliche Dauer gewählt und erst dann zu Beamten ernannt.

Als oberster Beamter ist der Landrat Vorgesetzter aller Beamten, Angestellten und Arbeiter im Öffentlichen Dienst der sogenannten »angeschlossenen« Dienststellen. Dazu gehören insbesondere die Schulen, die Feuerwehr und selbstverständlich auch die Krankenhäuser und Pflegeeinrichtungen, die sich in der Trägerschaft des Kreises befinden.

Das Landratsamt ist zum einen Staatsbehörde und erfüllt in dieser Funktion staatliche Aufgaben. Das Gesundheitsamt mit seinen Aufgaben gehört beispielsweise zum Aufgabenbereich der Staatsbehörde. Hier sind die Befugnisse des Landrates gering. Er ist nämlich in dieser Funktion an die Weisungen der staatlichen Mittel- und Oberbehörden gebunden, was bedeutet, dass er den bereits angeordneten Beschlüssen zu folgen und diese entsprechend umzusetzen hat.

Zum anderen ist das Landratsamt Landkreisbehörde mit eigenen sowie weiteren, vom Staat durch Einzelgesetz übertragenen Aufgaben, zum Beispiel der Sicherstellung des Rettungsdienstes. Hier wiederum kann ein Landrat viel mehr und selbstständig entscheiden. Allerdings stimmen immer noch der Kreistag und verschiedene Ausschüsse mit ab.

Ein Landrat füllt also stets mehrere Rollen aus. Als gewählter Vertreter der Landkreiseinwohner muss er sich für deren Interessen einsetzen. Zudem ist er Vorgesetzter vieler Mitarbeiter im Öffentlichen Dienst seines Kreises und hat dabei entsprechende Befugnisse. Zeitgleich ist er als Leiter der »staatlichen Seite« wieder nur Untergebener, der an die Weisungen seiner übergeordneten Vorgesetzten gebunden ist.

Wegen der Doppelfunktion spricht man auch davon, dass dieses Amt janusköpfig sei, benannt nach dem Römischen Gott Janus, der zwei Gesichter besaß.

Diese Doppelrolle findet sich auch im Personalstamm eines Landratsamtes wieder. Weiter oben habe ich diese Situation bereits beschrieben. Denn für die staatlichen Aufgaben bekommt der Landrat natürlich auch staatliches Personal – hat dabei aber sehr wenig Mitspracherecht.

Gerne erscheinen Frau oder Herr Landrat auf Einladungen von Vereinen und Verbänden. Landräte brauchen eine gute Kondition und gesundheitliche Konstitution. Ihr Terminkalender ist prall gefüllt. Viele Abendtermine stehen an, dazu kommen noch Wochenendtermine, und ich bin der festen Überzeugung, dass man so einen Job nur mit Leidenschaft machen kann. Private Zeit ist bei Landräten Mangelware.

Dafür sind sie auch die kleinen Fürsten in ihrem Landkreis. Die meisten Landräte haben einen Fahrer, der sie sicher von einem Termin zum anderen bringt, und natürlich wird Herr oder Frau Landrat entsprechend angesprochen und zu jeder Gelegenheit eingeladen. Landräte lassen auch kaum eine Gelegenheit aus, um medial aufzutreten und Gesicht zu zeigen. Das gehört nun mal zum Job dazu. Zumindest war es vor Corona so.

Mein ehemaliger Landrat war und ist ein feiner Mensch. Das möchte ich an dieser Stelle ganz deutlich sagen. Menschlich haben wir uns sehr gut verstanden, das war vor allem auch deshalb so, weil wir uns gegenseitig respektierten und einen ähnlichen Humor pflegten. Und selbst an manchen schweren Tagen halfen eine Prise schwarzen Humors und ein Glas Cola light über so manche Ärgerlichkeit hinweg.

Im Gegensatz zu mir ist er auch Politiker, was irgendwann sehr deutlich wurde. Ich bekam es zu spüren, als regelmäßige Anrufe der Bayerischen Staatsregierung meinen Landrat trafen, verbunden mit der Bitte, mich wieder einzufangen, also auf Linie zu bringen. Wie die Geschichte ausgegangen ist, habe ich bereits weiter vorne beschrieben. Von Anfang an habe ich dem Landrat versucht klarzumachen, wie weit ich gehen würde. Und dass ich mir niemals den Mund verbieten lassen würde, unabhängig von den Konsequenzen.

Ein Landrat hat natürlich viele Mitarbeiter, vor allem auch Zuarbeiter. Ein Landratsamt ist in mehrere Abteilungen aufgegliedert, und die jeweiligen Abteilungsleiter informieren und beraten den Landrat. Sehr oft finden sich auf diesen Stellen Juristen, die im Staatsdienst ihre berufliche Erfüllung suchen. Zu seinem engen Zirkel gehören aber vor allem kommunale Beamte, die direkt vom Landkreis eingestellt werden. Das ist auch logisch, denn ein staatlicher Beamter kann jederzeit wieder wegversetzt werden. Und der innere Kreis eines Landrates muss sorgfältig aufgebaut und erhalten werden.

In Zeiten vor Corona hatte jede Abteilung ihre zugewiesenen Aufgaben. Von der Asylstelle bis zur Zulassungsstelle für Kfz wurden die Aufgaben von den verschiedenen Sachgebieten innerhalb der Abteilungen erfüllt.

Mit Corona änderte sich dieses Bild plötzlich. Denn auf einmal waren alle Mitarbeiter mit der Pandemie konfrontiert. Der Kundenverkehr wurde eingeschränkt, vor der Eingangstüre bildeten sich lange Warteschlangen, weil der Einlass kontrolliert wurde. Aber auch bei vielen Mitarbeitern im Landratsamt wuchs die Sorge vor einer Erkrankung, und eine bedrückende Stimmung breitete sich aus.

Das Aufgabenspektrum des Landratsamtes veränderte sich nicht allein aufgrund der Pandemie. In Bayern wurde der Katastrophenfall ausgerufen. Das hatte zur Folge, dass sich der Landkreis völlig dem bereits oben erwähnten staatlichen Teil unterordnen und die von dort kommenden Beschlüsse umsetzen und vollziehen musste, ob es dem Landrat nun gefiel oder nicht.

Wie schwer es für die Landkreischefs ist, sich dem staatlichen Teil zu entziehen, unabhängig von einem Katastrophenfall, zeigt das Beispiel der viel diskutierten Maskenpflicht bei Grundschülern. Diese Einführung sorgte für heiße Diskussionen bei Eltern, Lehrern und in der breiten Bevölkerung. Auch manche Landräte waren von dieser Regelung wenig überzeugt und versuchten, sie wieder aufzuheben. Die übergeordneten Stellen nahmen die Bedenken dieser Landräte zwar zur Kenntnis, aber die Maskenpflicht wurde durchgesetzt, egal, ob nun der eine oder andere Landrat oder Oberbürgermeister damit nicht einverstanden war.

Auch in anderen Bereichen konnte man beobachten, wie schwer diese Doppelrolle auszufüllen ist. So mussten beispielsweise in Windeseile Teststationen in jedem Landkreis geschaffen werden. Auf Anordnung von oben. Wie, mit welchem Personal und auch wo, blieb den Landratsämtern überlassen. Sie mussten die Vorgabe umsetzen, ohne dass die Details und Rahmenbedingungen klar kommuniziert waren.

Durch die Ausrufung des Katastrophenfalles musste im Landratsamt ein sogenannter Krisenstab eingerichtet werden. Dieser Stab bestand aus vielen Akteuren des Landratsamtes und des Landkreises und tagte regelmäßig. Selbstredend war auch das Gesundheitsamt in diesem Krisenstab vertreten, und es gab wohl keine einzige Sitzung, in der wir nicht zu irgendeinem Thema befragt wurden. Man spürte förmlich die Verunsicherung aller Akteure, Verantwortung zu übernehmen und Entscheidungen zu treffen.

Das lag mitunter daran, dass zahlreiche Schreiben alle Teilnehmer, besonders aber das Gesundheitsamt, vor enorme Herausforderungen stellten. Gesundheitsministerielle Schreiben sowie Anordnungen der Bundes- oder Bezirksregierungen und Empfehlungen von Fachbehörden (RKI, LGL) trafen in sehr engen Zeitabständen ein, oftmals mehrmals wöchentlich, und die darin enthaltenen Anordnungen sollten in kürzester Zeit umgesetzt werden. Hinzu kamen zum Teil völlig sinnentleerte Abfragen, die ebenfalls in kürzester Zeit beantwortet werden mussten.

So wurde beispielsweise angefragt, wie viel Restbestände an Materialien wie Schutzkleidung, Desinfektionsmitteln oder Probenröhrchen mit Abstrichtupfer noch vorlägen und wie hoch wir in Zukunft den Verbrauch dieser Materialien einschätzen würden. Das mag nun nicht besonders tragisch klingen. Aber während wir uns die Beine ausrissen, um die Aufgaben zu erledigen, sollten gleichzeitig diese Fragen beantwortet werden. Und natürlich konnten wir dabei nur schätzen. Und diese Schätzung hätte sicher auch ein Ministerialbeamter machen können. Denn zum Zeitpunkt der Abfrage war klar: Es gab keine Materialien mehr, und wie viel wir noch brauchen würden, hing ja ganz entscheidend vom Verlauf der Pandemie ab.

Oft wurden auch Anfragen gemacht, bei denen man bereits erkannte, dass die Fragesteller sehr weit von der alltäglichen Praxis entfernt waren. Um nicht der Gefahr ausgesetzt zu werden, hier interne Dinge auszuplaudern, verfremde ich eine Anfrage. Aber die Unsinnigkeit bleibt erhalten:

So wurden wir um sehr zeitnahe (zeitnah heißt in diesem Beispiel innerhalb von 24 Stunden) Mitteilung von aktuellen Zahlen zu bestimmten Personengruppen gebeten, die sich bereits einer Reihentestung unterzogen hatten. Doch woher sollten wir das wissen? Da die Gesundheitsämter verständlicherweise nicht alle Reihentestungen durchführten, hatten wir darüber doch keine genauen Zahlen. Auf meine telefonische Nachfrage, was wir darauf antworten sollten, bekam ich dann die Antwort, ich solle einfach schätzen. Diese Schätzungen mussten wir im Übrigen sehr oft bei Anfragen nach exakten Zahlen vornehmen.

Ich habe daraufhin auch schriftlich geantwortet und ziemlich deutlich gemacht, dass ich keineswegs irgendwelche Schätzungen zu Zahlen abgeben werde, die dann vielleicht Grundlage für wichtige Entscheidungen würden. Hier können Sie ebenfalls gut erkennen, wie Zahlen zustande kommen: sehr oft durch Schätzungen. Damit dürfte sich die Qualität so mancher Entscheidung von selbst erklären.

Weiter erschwert wurde diese Arbeit durch Verständnisfragen, die aufgrund teilweise widersprüchlicher Aussagen in den Schreiben, Anordnungen oder wegen rascher inhaltlicher Änderungen infolge der dynamischen Entwicklung entstanden. So kam es durchaus vor, dass sich die Aussagen des Bayerischen Kultusministeriums und des Gesundheitsministeriums widersprachen. Nun sollten die Schulen also nach den Vorgaben des Kultusministeriums handeln, die Gesundheitsämter bekamen aber bezüglich der Schulen andere Vorgaben direkt aus dem Gesundheitsministerium.

Dies war insofern problematisch, als die Arbeit des Gesundheitsamtes direkt von den Auswirkungen der (gesundheits-)politischen Entscheidungen betroffen war. Aufgrund der ohnehin schon enormen Überlastung war teilweise keine Zeit mehr vorhanden, um sich detailliert mit sämtlichen Themen der Schreiben und Anordnungen auseinanderzusetzen.

Diese Liste an Widersprüchlichkeiten und schlechter Kommunikation könnte beliebig fortgesetzt werden. Auch vor Corona war die Doppelrolle des Landratsamtes nicht immer einfach auszufüllen. Aber inmitten einer Pandemie samt Katastrophenfall war diese Art der Kommunikation bestimmt nicht förderlich. Deshalb kam es in so manchen Krisensitzungen zu lebhaften Diskussionen, denn verständlicherweise sah jedes Sachgebiet die Dinge ein wenig anders. Letztendlich landeten die meisten Fragen doch wieder bei mir, und so blieb mir nichts anderes über, als eine Frage nach der anderen abzuarbeiten.

Selbstverständlich wurde es auch mir zuweilen zu bunt. Nämlich dann, wenn Fragen an mich gerichtet wurden, die nichts mit meiner Ausbildung zu tun hatten und bei denen ich erkennen konnte, dass man sich nur um eine Entscheidung drücken wollte. Ziemlich viel Nerven kostete mich der Aufbau der Teststraßen mit den damit zusammenhängenden Fragen. Einmal wollte ein Landratsamtsmitarbeiter von mir wissen, ob an einem Testzelt eine Querstrebe an dieser oder an jener Stelle platziert werden müsse ... Auch dieses Problem wurde gelöst.

Dabei möchte ich aber nicht unerwähnt lassen, wie gut insgesamt die Zusammenarbeit mit den Beteiligten war. Jeder war gestresst, und doch fanden wir immer einen Weg zusammen und wieder zueinander, sollte es mal zu einer Meinungsverschiedenheit gekommen sein. An manche Runde erinnere ich mich gerne und muss heute noch über einige Anekdoten lachen.

Dennoch lässt sich der ganze Wust an Bürokratie und die vielen Strukturen samt deren Personen in einem Spruch bestens zusammenfassen: Viele Köche verderben den Brei. Das war auch bei dieser Pandemie der Fall. Die Kommunikation von oben nach unten verlief schlecht. Oft erfuhren wir aus der Presse weitere Maßnahmen, die die Bayerische Staatsregierung getroffen hatte.

Auch bei der Materialbeschaffung gab es starke Kommunikationsschwierigkeiten. Anfangs fehlte es an Schutzkleidung und Desinfektionsmitteln. Nachdem die Produktion von Desinfektionsmitteln auf Hochtouren lief, konnte die Auslieferung kaum mehr gestoppt werden. Und so wurden Tausende Liter geliefert, ohne dass wir das hätten stoppen können. Schnell musste ein geeigneter Platz für die Lagerung gefunden werden. Trotz mehrerer Hinweise, dass wir nun ausreichend versorgt seien, wollten die Lieferungen einfach nicht aufhören.

Erklärung Katastrophenfall

Im März und im Dezember 2020 wurde in Bayern der Katastrophenfall ausgerufen. Dessen rechtliche Konsequenzen sind im bayerischen Katastrophenschutzgesetz geregelt.

Gesetzlich definiert ist eine Katastrophe als »ein Geschehen, bei dem Leben oder Gesundheit einer Vielzahl von Menschen oder die natürlichen Lebensgrundlagen oder bedeutende Sachwerte in ungewöhnlichem Ausmaß gefährdet oder geschädigt werden«.

Dass ein Katastrophenfall ausgerufen wird, ist nichts Ungewöhnliches. Wegen der Coronakrise geschah dies im März 2020 aber zum ersten Mal in der Geschichte des Freistaats landesweit. Üblicherweise werden diese Katastrophenfälle nur in einem oder in einigen Landkreisen ausgerufen, beispielsweise wenn eine Naturkatastrophe auftritt. Dann werden die verschiedenen Einsatzkräfte gebündelt und unter eine Leitung gestellt.

Denn genau darum geht es, wenn ein Katastrophenfall ausgerufen wird, besser gesagt: festgestellt wird. Man will Kräfte bündeln, die Arbeit der vielen Behörden und Hilfsorganisationen bestmöglich koordinieren. Denn es gibt in Bayern keine feststehende Katastrophenschutzeinheit; diese Arbeit leisten einzelne Behörden, Organisationen und Ehrenamtliche.

Im Katastrophenfall kann die zuständige Katastrophenschutzbehörde ein Landratsamt, eine der sieben Bezirksregierungen oder das Bayerische Staatsministerium des Innern, für Sport und Integration sein. Diese »Behörde« kann nun anderen Behörden, Kommunen, Hilfsorganisationen und Verbänden Weisungen erteilen.

Die Ausrufung des Katastrophenfalls ist also in erster Linie eine organisatorische Angelegenheit und weniger tragisch, als es sich anhört.

Was Behörden im Katastrophenfall dürfen und Bürger dulden müssen

Die Maßnahmen im Katastrophenfall können aber erhebliche Auswirkungen für den einzelnen Bürger haben. Der schwerwiegendste Eingriff kann die Einschränkung der Grundrechte sein. Hierunter fallen die Versammlungsfreiheit, die Freizügigkeit und die Freiheit der Person. Die Behörden können also auch anordnen, dass keiner mehr seine Wohnung verlassen darf.

Ähnlich verhält es sich mit den Befugnissen nach dem Infektionsschutzgesetz (IfSG), das die Behörden dazu ermächtigt, Schutzmaßnahmen zu ergreifen, um übertragbare Krankheiten zu bekämpfen. Auch hier können Anordnungen von der Behörde zur Quarantäne, der Untersuchung von Verdachtsfällen durch Beauftragte des Gesundheitsamtes oder auch berufliche Tätigkeitsverbote ausgesprochen werden. Mit dem IfSG hat der Staat die Möglichkeit, die Grundrechte einzuschränken. Diese Einschränkungen gelten aber auch außerhalb des Katastrophenalarmes, nur wurden sie vor der Pandemie niemals den Bürgern so nah vor Augen geführt.

Wer sich den Anordnungen nach dem Katastrophen- oder dem Infektionsschutzgesetz widersetzt, begeht eine Ordnungswidrigkeit. Diese Widersetzung führt in aller Regel zu einem Bußgeld – im schlimmsten Fall ist die Widersetzung sogar strafbar.

Im Fall der Coronakrise hat das bayerische Gesundheitsministerium die ersten Einschränkungen im März 2020 per Allgemeinverfügung erlassen – auf Basis der Befugnisse aus dem Katastrophen- und Infektionsschutzgesetz.

Da diese Regelung vermutlich juristisch angreifbar war, wurden die meisten Regelungen in eine Verordnung gegossen, und daraus entstand die Bayerische Infektionsschutzmaßnahmenverordnung. Diese wurde im Laufe der Zeit oft angepasst und überarbeitet und führte im Krisenstab des Landratsamtes oft zu Kopfschütteln und Diskussionen, weil sie in einigen Bereichen recht lebensfremd formuliert wurde.

Letztendlich sollte Wissenschaft die Politik in derartigen Situationen beraten. Und zwar mit Wissen und nicht mit bloßen Vermutungen. Wenn ein Wissenschaftler etwas vermutet, dann ist es halt nur eine Vermutung. Punkt.

Wenn ein Wissenschaftler dagegen wissenschaftliche Vermutungen anstellt, dann ist das zwar scheinbar ein kleiner, aber dennoch in der Praxis ein sehr großer Unterschied. Denn wer mit wissenschaftlichen Vermutungen berät oder argumentiert, der sollte sich zumindest wissenschaftlich mit dem Kern seiner Aussage so beschäftigt haben, dass er belegen kann, weshalb er zu diesen Vermutungen kommt.

Ein einfaches Beispiel: In einem Interview Ende Januar 2021 vermutete ein bekannter Virologe einfach mal so drauflos, er fürchte, dass sich im kommenden Sommer täglich bis zu hunderttausend Menschen infizieren und auch gerade junge Menschen dann schwer erkranken könnten. Diese Aussage traf er ohne Beleg und ohne weitere Begründung, was schon skandalös genug ist. Der eigentliche Skandal könnte aber auch darin gesehen werden, dass die Fragen stellende Journalistin zu keinem Zeitpunkt die Aussage des Virologen kritisch hinterfragte. Aber das ist ein anderes Thema.

Die obige Anekdote zeigt sehr schön, wie schnell und unwissenschaftlich Zahlen und Prognosen in die Welt posaunt werden. Das Fatale daran: Diese Sätze blieben hängen! Und die Politik nahm diese bedrohlichen Sätze abermals auf und reagierte.

Wie die Zahlen an das Gesundheitsamt kommen

Der schwerwiegendste Fehler dieser Pandemie ist die Interpretation einer falschen Datenlage. Seit Einführung der Meldepflicht von sogenannten SARS-CoV-2-positiven Labormeldungen starren wir darauf wie die Schlange aufs Kaninchen. Schon fast sklavisch sind diese bloßen Meldezahlen die Grundreferenz aller Maßnahmen.

COVID-19 ist ein Akronym und steht für »coronavirus disease«, also Coronavirus-Erkrankung. Die Zahl 19 bezeichnet das Jahr 2019. In COVID ist das Wort Erkrankung also schon zu finden. Es wurden aber nicht nur Erkrankte gezählt, sondern alle positiven Labormeldungen. Aus diesen wurden dann automatisch COVID-19-Fälle, obwohl eine Diagnose nur durch Symptome und in Verbindung mit einer Labordiagnostik gestellt werden kann.

Ohne also die Hintergründe der positiv Getesteten zu kennen, wurden diese Zahlen von März 2020 an täglich aufsummiert. Und so entstand der Eindruck, dass die Anzahl der Kranken täglich wachsen würde.

Das ist ein typischer Folgefehler. Denn dem eigentlichen Fehler, also hier nur die positiven Fälle zu zählen, liegt ein weiterer Fehler zugrunde, nämlich der, den Fehler so zu interpretieren, als würde die Zahl der Kranken stetig wachsen. Das ist aber falsch. Denn natürlich wurde die Mehrzahl der Erkrankten, sofern sie überhaupt erkrankt waren, wieder gesund. Die Gesunden wurden nur nicht herausgerechnet. Die Darstellung der Zahlen und die Benennung wurden in den Medien, die von Fachleuten gefüttert wurden, immer wieder geändert. Meist auf Druck anderer Experten. So wurde am Anfang der Pandemie von Erkrankten gesprochen. Das war natürlich falsch, denn nicht alle Positiven zeigten Krankheitssymptome, sie waren also eben nicht krank. Darauf wies ich immer wieder hin. Nur ein Arzt kann eine Krankheit feststellen, nicht der bloße Laborbefund.

Diese völlig verzerrte Darstellung von Zahlen und Begrifflichkeiten hält bis heute an. Leider. Die aktuelle Diskussion über die Inzidenzwerte zeigt dies ganz deutlich.

Weitere Fehler wurden gemacht, indem man hinter bestimmten Maßnahmen einen Effekt vermutete, obwohl diese Maßnahmen keinen Effekt auf das Ergebnis hatten. Der Effekt wurde lediglich vermutet.

Ein Beispiel ist hier die Saisonalität. Nicht nur wir Ärzte wissen, dass sich Erkältungsviren vor allem im Herbst und Winter verbreiten. Das liegt an mehrerlei Gründen, hauptsächlich aber daran, dass wir uns öfter in geschlossenen Räumen aufhalten. Befindet sich nun darin eine kranke Person, dann hat es das Virus ziemlich leicht. Als somit im Frühjahr die Zahlen der Positiven wieder nach unten gingen, wurde dieser Rückgang als Erfolg des ersten Lockdowns gefeiert. Das war aber Unsinn. Der Rückgang lag in der Saisonalität begründet und nicht im Lockdown. Es kam also das erwünschte Ergebnis heraus, aber nicht durch die vermeintlich ursächliche Maßnahme. Wie man nun im Winter 2020/21 sehen konnte, stiegen die Fallzahlen trotz Lockdown wieder an.

Vorhersehbare Fehler sind Fehler, die man kommen sieht, gegen die aber nichts unternommen wird. Und das sind meiner Meinung nach die schlimmsten aller Fehler. Sie passieren deshalb sehr oft, weil niemand widerspricht. Jeder denkt vom anderen, dass dieser schon etwas unternehmen werde. Wenn aber keiner in einer Gruppe etwas unternimmt, dann gehen wiederum alle davon aus, dass es doch richtig ist, was man gerade macht. Ein Teufelskreis, aus dem man schlecht wieder herauskommt. Dieser Fehler ist als sogenannter group effect bekannt. So ziemlich jeder Manager hat mal in einem Seminar davon gehört. Im gegebenen Moment aber daran zu denken und danach zu handeln, tun die wenigsten.

Wenn nun Beamte in diesem System eingebettet arbeiten, dann ist die Wahrscheinlichkeit sehr hoch, dass Fehler, obwohl erkannt, nicht benannt und einfach mitgezogen werden.

Um ein wenig Transparenz in die Angelegenheit zu bringen, möchte ich erklären, wie die täglich vermeldeten Zahlen vom Robert Koch-Institut überhaupt entstehen und welche Rolle die Gesundheitsämter dabei spielen.

Das Infektionsschutzgesetz gibt genau vor, welche Erkrankungen dem Gesundheitsamt gemeldet werden müssen. Es handelt sich um festgeschriebene Meldepflichten. Weiter ist geregelt, was bei der Übermittlung an das Amt beachtet werden muss. Bei Meldungen an uns sind also in den meisten Fällen zumindest Name, Anschrift, Geschlecht, Geburtsdatum und gegebenenfalls die Telefonnummer des Betroffenen anzugeben.

Ein Arzt ist verpflichtet, den Verdacht, die Erkrankung und den Tod bei bestimmten Erkrankungen direkt an das Gesundheitsamt zu melden. Dafür gibt es vorgefertigte Formulare, die per Fax an das Gesundheitsamt geschickt werden. Ja, per Fax!

Ebenso gibt es eine Meldepflicht der Labore. Sie sind zu einer Meldung an das Gesundheitsamt verpflichtet, wenn sie durch Untersuchungen von Proben bestimmte Krankheitserreger identifizieren.

Bei SARS-CoV-2 ist also das Labor verpflichtet, den labordiagnostischen Nachweis zu melden. Dies erfolgt inzwischen über ein Softwareprogramm, das den Laborbefund an das zuständige Gesundheitsamt übermittelt. Diese Software wurde aber erst 2021 eingeführt. Davor erfolgten die Meldungen per Fax.

Im Zuge der Pandemie und mit der Einführung von Schnelltests wurde verordnet, dass ein Schnelltestergebnis von dem entsprechenden Arzt oder auch Leiter einer Einrichtung ebenfalls an das zuständige Gesundheitsamt gemeldet werden muss.

Nach Eintreffen der Labormeldung war das Gesundheitsamt gefordert, denn nun mussten diese Meldungen gemäß der Falldefinition (für jede im Infektionsschutzgesetz festgeschriebene meldepflichtige Krankheit gibt es eine Falldefinition, in der beschrieben ist, wann ein Fall ein Fall ist) an die zuständige Landesbehörde übermittelt werden. Diese Landesbehörden werden auch umgangssprachlich Landesgesundheitsämter oder auch Landesgesundheitsbehörden genannt. Zu dieser Übermittlung sind die Gesundheitsämter verpflichtet, und diese Meldungen müssen nach dem Infektionsschutzgesetz spätestens am folgenden Arbeitstag an die zuständige Landesbehörde erfolgen. An den Wochenenden und an Feiertagen ist also keine Übermittlung vorgesehen.

Die Erfassung und Übermittlung von Fällen erfolgt bereits seit langer Zeit mithilfe einer Software. Allerdings kam die geplante Neueinführung eines einheitlichen Softwareprogramms viel zu spät. Aufgrund zahlreicher Aufgaben wie Kontaktpersonenermittlung, Fallermittlung, Landtags- und Presseanfragen im Sinne von Statistiken konnten die Ämter nicht mehr warten und begannen, selbstständig nach Lösungen zu suchen.

Das stark propagierte bayerische Softwareprogramm BaySIM konnte wegen gravierender technischer Defizite nicht umgesetzt werden. Und so suchten die Ämter bei privaten Anbietern, wurden fündig und waren mit diesen Programmen auch sehr zufrieden. Allerdings waren es eben wieder unterschiedliche Programme. So kann man sich gut vorstellen, dass es keine digitale Kommunikation zwischen den Ämtern aufgrund der unterschiedlichen Softwareprogramme geben konnte. Dieses Problem ist seit vielen Jahren bekannt und sollte nun endlich ab Anfang 2021 mit SORMAS gelöst werden.

Der Bund gab dies so vor. Und damit brachte der Bund die Gesundheitsämter in eine weitere Ausnahmesituation. Denn eine weitere Systemumstellung während einer Pandemie war eine unnötige Zumutung nicht nur für das Gesundheitsamt, sondern auch für die jeweils beteiligte EDV-Abteilung, die ohnehin aufgrund von pandemiebedingter allgemeiner Digitalisierung in ihrem Verantwortungsbereich und mit dem Ausbau des Homeoffice an ihrer Belastungsgrenze arbeitete.

Zudem ging jede Systemumstellung trotz bester Vorbereitungen unvermeidbar mit typischen Schwierigkeiten einher, wie Doppelmeldung von Fällen, die erst wieder umständlich bereinigt werden müssen. Aufgrund einer fehlenden Schnittstelle konnten Daten von der bisherigen Software nicht auf SORMAS übertragen werden, was wiederum zu einem Mehraufwand geführt hätte.

Und so war es denjenigen Gesundheitsämtern, die während der Pandemie bereits eine Softwareeinführung hinter sich hatten, um von Excel-Listen und handschriftlicher Papierdokumentation wegzukommen, schwer vermittelbar, erneute Holprigkeiten bei einer weiteren Umstellung hinzunehmen. Das Projekt SORMAS kam ganz klar zu einem zu späten Zeitpunkt.

Aber nicht nur der Zeitpunkt war ungeeignet. Auch das Programm selbst zeigte deutlich die Grenzen dessen auf, was eigentlich von den Gesundheitsämtern erwartet wurde.

Im Gegensatz zu anderen Produkten bot SORMAS keine umfassende Lösung für Gesundheitsämter, die neben dem Infektionsschutz noch weitere Bereiche wie Gutachtenwesen, Trinkwasser, Schul- und Jugendmedizin und so weiter bearbeiten müssen. Insofern stellte das Programm keine langfristige Lösung für eine Zeit auch über die Pandemie hinaus dar. Auch mit SORMAS konnten zum Zeitpunkt der Einführung die Gesundheitsämter viele ihrer Pflichten nicht erfüllen. Die tägliche Meldung an die Landesbehörde und der digitale Empfang der Labormeldungen waren aufgrund fehlender Schnittstellen nicht möglich. Die Gesundheitsämter hätten also parallel in unterschiedlichen Programmen empfangen, erfassen und melden müssen.

Und wie gingen die Gesundheitsämter mit dieser Situation nun um? Ganz pragmatisch. Es wurden zwar Verträge mit dem Anbieter von SORMAS geschlossen, gearbeitet wurde aber weiterhin mit den bereits vorhandenen neuen Softwareprogrammen.

In welcher Software auch immer: Das Gesundheitsamt erzeugt damit eine sogenannte »Fallmeldung«. In dieser werden Informationen zum klinischen Bild, zum labordiagnostischen Nachweis und epidemiologische Zusammenhänge erfasst und unter Verschlüsselung der Patientendaten (übrig bleibt dann nur noch eine Fallnummer) an die Landesbehörde übermittelt. Eine Übermittlung erfolgt automatisch bei Erfüllung der bereits oben erwähnten Falldefinition. In der Falldefinition ist also beschrieben, wann ein Fall ein *Fall* ist und vom Gesundheitsamt an die Landebehörde übermittelt werden muss. Nach Übermittlung an die Landesbehörde findet dort eine Plausibilitätsprüfung eines jeden Falles statt. Von dort werden dann die Fälle an das RKI geschickt. Das RKI sammelt nun diese Zahlen und veröffentlicht sie. Allerdings nur die Fälle, die die Referenzdefinition erfüllen.

Eine Referenzdefinition ist etwas anderes als eine Falldefinition: In der Referenzdefinition ist beschrieben, wann ein Fall eine *Zahl* für die Statistik am RKI wird.

Sowohl Fall- als auch Referenzdefinition werden vom RKI erstellt. Sie merken es schon, die Meldungen der Zahlen sind nicht ganz so einfach.

Sehr schön wird auch deutlich, dass diese Zahlen keinesfalls »frisch« sein können. Denn schon alleine ab Meldung des Gesundheitsamtes an die Landesbehörde und von dort aus an das RKI vergehen mindestens zwei Tage. Bedenkt man nun, dass nicht alle Zahlen unverzüglich – weder von den Gesundheitsämtern noch von den Landesbehörden – weitergegeben werden, und wenn man noch den Verzug von Arzt oder Labor an das Gesundheitsamt samt Wochenenden und Feiertagen miteinrechnet, wird das Wort Meldeverzug schnell klar.

Welche Meldungen werden nicht weitergegeben?

Ein positiver Schnelltest bei einem Arzt erfüllt zwar die Falldefinition, wird also vom Gesundheitsamt an die Landesbehörde weiter übermittelt. Da bislang der Schnelltest nicht die Referenzdefinition erfüllt, wird dieser Fall zwar weiter an das RKI übermittelt, laut RKI gehen aber diese Zahlen derzeit nicht in die Statistik ein. Sie können jedoch, da sie ja die Falldefinition erfüllen, in den eigenen Zahlen der Gesundheitsämter erscheinen. Entsprechend würden sie auf Nachfrage auch die Zahl der Fälle melden, die weitergegeben worden sind. So können sich Abweichungen zwischen den Ämtern und den Landesbehörden beziehungsweise dem RKI erklären.

Es melden aber nicht nur die Labore. Auch Ärzte müssen aufgrund ihrer Meldepflicht den Verdacht auf und die Erkrankung an COVID-19 melden. Was passiert nun mit diesen Meldungen?

Stellt sich ein Patient mit typischen Symptomen bei seinem Arzt vor, dann wird der Arzt, ohne dass ein labordiagnostischer Nachweis vorliegt, diesen Patienten als Verdachtsfall melden. Eine Weitermeldung des Gesundheitsamtes an die Landesbehörde erfolgt nicht, weil eben der labordiagnostische Nachweis fehlt.

Würde sich nun derselbe Patient vorstellen und der Arzt einen Schnelltest durchführen und dieser Test wäre positiv, dann würde der Arzt sehr wahrscheinlich keinen Verdachtsfall, sondern einen Erkrankungsfall an das Gesundheitsamt melden. Da nun mit dem positiven Schnelltest die Falldefinition erfüllt ist, würde das Gesundheitsamt diesen Fall mittels seiner Software an die Landesbehörde weitermelden. Und das, obwohl das Ergebnis des Schnelltestes noch nicht durch eine PCR abgesichert wurde. Diese Absicherung wird derzeit angeraten. Und erst dann, wenn der PCR-Test positiv ist, ist die oben bereits erwähnte Referenzdefinition erfüllt. Das heißt, es kann hier zu völlig unterschiedlichen Zahlen am Gesundheitsamt und am RKI kommen, und es entsteht natürlich auch ein zeitlicher Verzug zwischen der Fallmeldung, weil ja die Falldefinition erfüllt ist, und der Erfüllung der Referenzdefinition, wenn der PCR-Test des Falles letztendlich positiv ist.

Wenn nun die Presse oder der Oberbürgermeister oder der Landrat Zahlen über die aktuellen Fälle haben möchte, dann kann es passieren, dass je nach Fragestellung unterschiedliche Zahlen exportiert werden. Fragt jemand nach der Anzahl der übermittelten Fälle oder der Fälle im Landkreis, dann macht das schon einen Unterschied zu den Fällen, die die Referenzdefinition erfüllen. Das ist natürlich den Fragestellern nicht bewusst.

Aber so lässt sich auch das Zahlenchaos zwischen Gesundheitsamt, Landesgesundheitsbehörde und RKI erklären.

In der Praxis machen es einige Gesundheitsämter so, dass sie das Ergebnis des PCR-Testes einfach abwarten. Ist das Ergebnis positiv, dann wird erst gemeldet. Ein sehr pragmatisches Vorgehen; leider führt es aber auch zu einem Meldeverzug, weshalb die Aktualität der Zahlen sehr darunter leidet.

Zahlensalat und Influenza

Das RKI verfügt über zwei Überwachungssysteme zur ganzjährigen Erfassung von akuten Atemwegserkrankungen (abgekürzt ARE).

Die Arbeitsgemeinschaft Influenza beobachtet seit ihrer Gründung im Jahr 1992 nicht nur die Influenza, sondern auch akute Atemwegserkrankungen im Allgemeinen über sogenannte Sentinel-Praxen. Diese Überwachungspraxen registrieren tagesaktuell die entsprechende Zahl in verschiedenen Altersgruppen und dokumentieren wöchentlich die Zahl der Erkrankten, die deswegen arbeitsunfähig geschrieben und hospitalisiert werden oder daran sterben.

Zudem führt das RKI mit dem Grippeweb eine wöchentliche Onlinebefragung in der Bevölkerung durch, um auch die akuten Atemwegserkrankungen mit Symptomen zu erfassen, die nicht zu einem Arztbesuch führen. Das Grippeweb steht jedem nach Registrierung zur Verfügung.

Sowohl die Arbeitsgemeinschaft Influenza als auch das Grippeweb erfassen also Erkrankungen mit und ohne Test anhand des Krankheitsbildes. Menschen ohne Symptome fließen nicht in die Statistik ein, denn sie gehen nicht zum Arzt und geben auch online keine Erkrankung an. Auch Mehrfachmeldungen dürften in aller Regel nicht vorkommen. Folglich geben die Daten der Arbeitsgemeinschaft Influenza und des Grippeweb einen realistischen Überblick über das tatsächliche Krankheitsgeschehen.

Für den Herbst und Winter 2020/21 zeigen die Daten sehr deutlich, dass die Infektionen im Vergleich zu den zwei Vorjahren auffallend niedrig sind. Aber nicht nur das: Erstaunlicherweise ist auch der Anteil an COVID-19 am Gesamtgeschehen verschwindend gering.

Das widerspricht dem Bild, das die gesamte COVID-19-Statistik des RKI zeichnet. Denn in diese Zahlen fließen laut Auskunft des RKI alle positiven Tests. Wie Sie in Abbildung 1 (siehe Seite 110)[1] sehen können, hat COVID keinen großen Anteil am Gesamtgeschehen aller Atemwegsinfektionen (ARE), gemessen am Anteil der Bevölkerung.

Warum die tatsächlich Erkrankten nicht besser erfasst und beim RKI ausgewiesen werden, ist mir unverständlich, denn die Gesundheitsämter melden jeden Fall mit Symptomen, falls diese vorhanden sind.

Allerdings weiß ich aus eigener Erfahrung, dass die Abfrage von Symptomen durch Laien, also hier durch die nichtfachlichen Contact Tracer, oft sehr ungenau erfolgt. Zudem ist ebenso wahrscheinlich, dass einige Positive keine Symptome haben. Dann kann man natürlich auch nichts in irgendeine Software eintragen.

---

[1] Die Version der Grafik ist auf web.archiv.org vom 2. März 2021 abrufbar (siehe Quellenangabe in der Grafik). Seit Mitte März 2021 wurde die Skalierung der COVID-19-Kurve im Verhältnis zur ARE-Rate vergrößert dargestellt. Die exakten Größenverhältnisse sind nun optisch nicht mehr ersichtlich.

Abb. 1: Anteil der COVID-Infektionen im Vergleich zu anderen Atemwegsinfektionen (ARE)

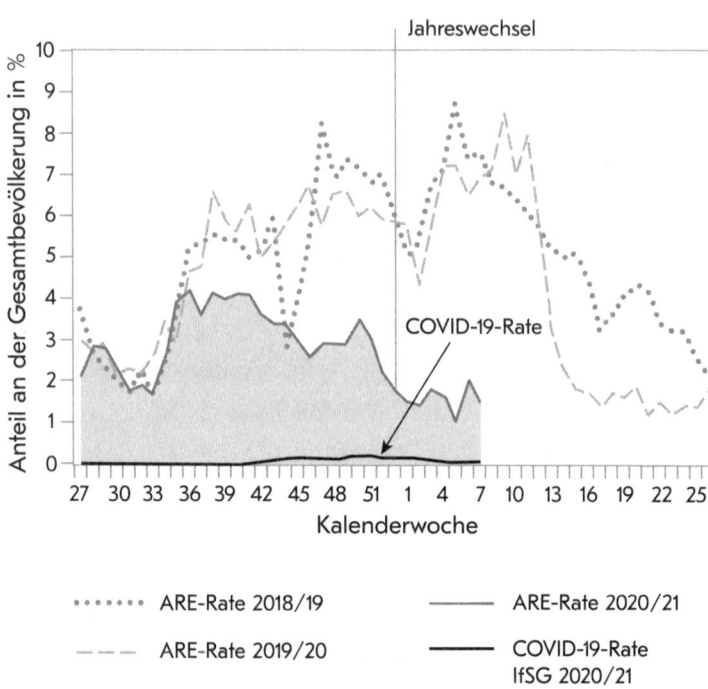

Quelle: https://web.archive.org/web/20210302004911/https://grippeweb.rki.de/

Ende Oktober 2020 berichtete ich in einem exklusiven Zeitungsinterview davon, dass in den vergangenen sieben Tagen 82 positive Fälle gemeldet worden waren. Von diesen 82 Positiven hatten lediglich 18 Symptome. Das bedeutet im Umkehrschluss, dass 64 Personen mit einem positiven Test völlig asymptomatisch waren. Diese 64 »Fälle« wurden also mit dem Vermerk »ohne Symptome« weitergemeldet. Diese 64 Fälle wurden auch nicht krank, demnach waren sie keine präsymptomatischen Fälle. Alle 64 erfreuten sich bester Gesundheit.

Todesbescheinigungen und Todesfallmeldungen

Die Leichenschau und deren Dokumentation ist der letzte Dienst eines Arztes am Menschen, weshalb beide Tätigkeiten mit hoher Sorgfalt durchgeführt werden sollten. Die Einzelheiten einer Leichenschau erspare ich Ihnen.

Ich möchte vielmehr Ihre Aufmerksamkeit auf die Dokumentation der Leichenschau, also die sogenannte Todesbescheinigung (auch als Leichenschauschein oder Totenschein bezeichnet) lenken. Diese Todesbescheinigung ist ein Formular, rechtlich aber ein Dokument mit sehr hoher Aussagekraft. Allein der Todeszeitpunkt mit Uhrzeit kann über Erbschaft oder Nicht-Erbschaft entscheiden. Ebenfalls spielt die Todesart, also natürlich, nicht natürlich oder ungeklärt, eine entscheidende Rolle.

Was Ihnen nun wahrscheinlich nicht bekannt sein wird: Die Todesbescheinigungen bilden die Grundlage der Todesursachenstatistik. Insofern ist es von enormer Wichtigkeit, dass dieses Dokument sorgfältig und richtig ausgefüllt wird.

Leider ist das in der Praxis oft nicht der Fall. Die ausgefüllten Bescheinigungen sind häufig unkorrekt und unvollständig bearbeitet. Die Gesundheitsämter sollen sie zwar auf Vollständigkeit und Plausibilität überprüfen; ein Instrument zur Durchsetzung einer Korrektur haben sie aber nicht, zumindest nicht in Bayern. Und die Leichenschau und deren Dokumentation sowie die dazugehörigen Regelwerke sind wieder Ländersache.

Vor dem Hintergrund, wie wichtig eine auf guten Zahlen basierende Todesursachenstatistik ist, bleibt mir unverständlich, dass die Gesundheitsämter zwar die Kontrolle dieser Scheine übernehmen sollen, aber dann keine Handhabe zur Durchsetzung der Behebung von Mängeln haben.

Ein Problem im Zusammenhang mit Meldungen über Verstorbene ist zum Beispiel folgendes: Wenn der leichenschauende Arzt von einem vorherigen SARS-CoV-2-Befund Kenntnis hat, dann müsste er zunächst an das Gesundheitsamt melden, in dessen Zuständigkeitsbereich der Sterbeort liegt, also zum Beispiel das Krankenhaus oder der Unfallort, und eben nicht der Wohnort des Verstorbenen. Da aber dieses Gesundheitsamt keine Fallmeldung über den Verstorbenen angelegt hat, wird es nun die Meldung des Arztes an das nach dem Wohnortprinzip zuständige Gesundheitsamt weiterleiten. Dieses Gesundheitsamt wird die bereits vorhandene Fallmeldung aufrufen und den Tod eintragen. Daraufhin wird dieser Fall erneut an die zuständige Landesbehörde übermittelt, und diese wird die Daten weiter an das RKI geben. Dieser Tote fließt in die Statistik der COVID-19-Toten ein. Er erfüllt die Referenzdefinition aufgrund des vorher schon bestehenden Laborbefundes.

Anhand dieser Arztmeldung über den Tod kann nicht differenziert werden, ob derjenige *an* oder *mit* COVID verstorben ist. Denn für die Übermittlung ans RKI ist die Todesursache unerheblich, entscheidend ist nur der positive Laborbefund.

Die Differenzierung (*an* oder *mit*) könnte allerdings mithilfe des vertraulichen Teils der Todesbescheinigung geschehen. Da gibt es jedoch ein Hindernis: Denn die Todesbescheinigungen gehen zunächst beim Standesamt ein, in dessen Zuständigkeitsbereich der Sterbeort liegt. Von dort aus geht der vertrauliche Teil, in dem die Todesursache beschrieben ist, gleichfalls nach dem Sterbeortprinzip an das Gesundheitsamt, in dessen Landkreis der Bürger verstorben ist.

Verstirbt also der Patient in einem anderen Landkreis, dann erfährt das für den Wohnort zuständige Gesundheitsamt nicht, ob dieser Patient *an* oder *mit* COVID verstorben ist.

Verstirbt nun eine Person, und der Arzt bringt den Tod in Zusammenhang mit COVID-19 (eventuell aufgrund der klinischen Diagnose und einem epidemiologischen Zusammenhang, zum Beispiel eines Ausbruchsgeschehens in einem Altenheim), obwohl vorher kein Laborbefund vorlag, kommt der Arzt zwar seiner gesetzlichen Verpflichtung nach, diese Meldung hat aber wiederum keine Auswirkung auf die RKI-Statistik, da mangels Laborbefund die Referenzdefinition nicht erfüllt ist. Das RKI sieht vor, in diesem Fall post mortem auf das Virus zu untersuchen, was aber zu diesem Zeitpunkt zu spät sein dürfte.

Geht erst nach dem Tod der positive Laborbefund ein, wird eine Fallmeldung generiert und der Tod an die Landesbehörde und an das RKI übermittelt.

Nun haben wir es bei den Todesbescheinigungen aber noch mit einer ganz anderen Problematik zu tun. So wird in den seltensten Fällen von den leichenschauenden Ärzten überhaupt festgestellt, ob jemand beispielsweise an Influenza erkrankt war und dann infolge einer Lungenentzündung verstorben ist. Obwohl doch genau diese Influenza das Grundleiden wäre und entsprechend in die Statistik aufgenommen werden müsste. Durch diese Ungenauigkeit kommt es zu einer enormen Verzerrung der Statistik.

Das gilt eben auch für die Statistik um die COVID-19-Verstorbenen. Denn nun wird in vielen Todesbescheinigungen plötzlich COVID-19 als Grundleiden eingetragen, obwohl die Infektion möglicherweise schon monatelang zurückliegt und der Verstorbene bis zu seinem Lebensende nichts mehr von dieser Erkrankung bemerkt hat.

In vielen Fällen, die ich überprüft habe, fehlte der Hinweis, ob ein SARS-CoV-2-Labornachweis überhaupt vorlag. Das wäre natürlich schon eine wichtige Information, denn der leichenschauende Arzt könnte diese Todesursache auch nur anhand eines klinisch-epidemiologischen Falles, also aufgrund der Symptome und des Kontaktes mit einem anderen COVID-Kranken annehmen. Für die Bearbeiter der Statistik ist in den Scheinen nicht erkennbar, wie die Diagnose zustande kommt.

Denkt man nun bis zum Ende, dann ist die Todesursachenstatistik bezüglich COVID-19 sicher nicht aussagekräftig. Deshalb dürfen daraus auch keine falschen Schlüsse gezogen werden. Ein falscher Schluss, neben der falschen Annahme einer erhöhten Sterblichkeit durch COVID-19, könnte die Überbewertung von »Long-COVID« sein. Auch hier wäre eine saubere Datengrundlage enorm wichtig. Aber leider müssen wir auch hier wieder feststellen, dass es die nicht gibt.

Wo liegt also das eigentliche Problem? Wie so oft im Kleinen. Meist kennt der leichenschauende Arzt den Toten nicht. Denn Leichenschauer und behandelnder Arzt sind nicht immer identisch. Also müsste der Leichenschauer neben einer ordentlichen körperlichen Untersuchung und der Dokumentation auch den Hausarzt kontaktieren und nach allen Befunden fragen. Selbst wenn es gelänge, den Hausarzt nachts um zwei Uhr aus dem Bett zu klingeln, wird dieser Hausarzt nicht sofort zu jeder Diagnose des Toten detailliert Auskunft geben können. Folglich müsste der Hausarzt in seine Praxis, um aus den Unterlagen vorzulesen. Ein eher nicht sehr realistisches Unterfangen. Was wird der leichenschauende Arzt in die Todesbescheinigung eintragen? Die Diagnose, die für ihn naheliegend klingt. Diese muss aber nicht zwingend die richtige sein. Und schon geht die nächstliegende und nicht die korrekte Diagnose in die Statistik ein.

Problem im System: Die Impfung

In der Klärung der Schuldfrage waren die Regierungspolitiker in dieser Zeit immer sehr schnell. Gab es hohe Fallzahlen, wurden diese dem Fehlverhalten der Einzelnen zugeschrieben. Und dieses Fehlverhalten wurde unverzüglich mit noch härteren Maßnahmen sanktioniert. Eigene Schuldeingeständnisse vonseiten der Politiker gab es hingegen wenige. Sanken die Zahlen, klopften sich die Entscheidungsträger mächtig auf die Schultern und kommunizierten, ihre Maßnahmen würden endlich Wirkung zeigen. Leider fand weder in die eine noch in die andere Richtung eine wissenschaftliche Aufarbeitung statt.

Der neue Impfstoff sollte also der sogenannte Gamechanger und Heilsbringer werden, und so wurde der erste Impfstoff gegen SARS-CoV-2 sehnsüchtig erwartet.

Bereits im Dezember 2020 wurden Impfzentren schnellstmöglich aus den Böden gestampft.

Angeblich war es den niedergelassenen Ärzten nicht zumutbar, ihre Patienten zu impfen. Da der Impfstoff zu dieser Zeit auch kein Fertigimpfstoff war, musste er erst aufbereitet werden, das heißt er wurde gekühlt, bei etwa minus siebzig Grad Celsius in kleinen Flaschen angeliefert und dann in den Impfzentren in kleine Spritzen aufgezogen. Zunächst sollten aus einem Fläschchen fünf Impfdosen gezogen werden. Da in der Flasche ein Rest blieb, wusste man nicht, was man damit anfangen könnte. Also entschied man sich, diese Reste wegzuwerfen. Als dann plötzlich bekannt wurde, dass Deutschland zu wenig Impfstoff zur Verfügung hatte, einigte man sich sehr schnell, dass nun statt fünf Impfdosen sechs Impfungen aus einer Flasche gezogen werden können.

Diese kleine Episode blieb nicht die einzige wundersame in der gesamten Geschichte der neuen Impfung.

Insgesamt war der Impfstoff knapp. Während nun aber die großen Kliniken in Bayern großzügig mit Impfstoff versorgt wurden, kämpften die bayerischen Städte und Landkreise um jede einzelne Impfdosis. Vor allem in den Seniorenheimen kam davon zu wenig an, obwohl diese Personengruppe ganz oben auf der Prioritätenliste stand.

Bayernweit wurde der Impfstoff vom Bayerischen Landesamt für Gesundheit und Lebensmittelsicherheit (LGL) verteilt. Die Verteilungsmenge orientierte sich am Bevölkerungsproporz der jeweiligen Regierungsbezirke. Von dort wurde dann das weitere Schicksal der Verteilung von den sogenannten Koordinatoren bestimmt. Diese Koordinatoren konnten also innerhalb ihres Verantwortungsgebietes nach eigenem Ermessen auch Sonderbedarfe für bestimmte Einrichtungen aussprechen.

Im Klartext: Nicht nur Impfzentren bekamen den Impfstoff. Auch die großen Universitätskliniken wurden mit Impfstoff großzügig ausgestattet. Im Prinzip war das natürlich zunächst eine gute Idee. Ärzte und Pflegekräfte arbeiten naturgemäß nah am Patienten. Was liegt also näher, als dieser Berufsgruppe den neuen Impfstoff zukommen zu lassen.

Interessant ist es dann allerdings, wenn in den Pflegeheimen zu wenig ankommt, während es in den großen Kliniken mehr Impfstoff als Personen mit einem hohen Ansteckungsrisiko gab, sodass sogar Medizinstudenten oder Verwaltungsangestellte nun frühzeitig in den Genuss einer Impfung kamen. Irgendwie schien die Koordination nicht so gut zu laufen, denn wie könnte man sich das sonst erklären?

In Gesprächen mit einigen Klinikmitarbeitern, darunter Ärzte und Pflegekräfte aus großen Kliniken, erfuhr ich Folgendes: Jeder Mitarbeiter einer Klinik, egal wer, habe ja »irgendwie« Kontakt zu Patienten oder Risikopersonen. Und weil alle Mitarbeiter eines Krankenhauses auch einem höheren Infektionsrisiko ausgesetzt seien, würden alle Mitarbeiter, die das möchten, geimpft. Sprich, jede Verwaltungskraft, jede Küchenhilfe, weitab von Patienten und damit keinem höheren Risiko ausgesetzt als der »Normalbürger«, bekam vorzeitig den kostbaren Impfstoff gespritzt.

Das führte natürlich wieder zum Unmut der älteren Personen, die eigentlich geimpft werden wollten, aber keinen Impfstoff bekamen.

Auch hier liegt das Problem im System. Brüssel bestellte den Impfstoff, die unteren Behörden auf Kommunalebene sollten die Durchführung leisten. Dazwischen mischte der Bund mit. Dass hier aufgrund der vielen Schaltebenen keine ordentliche Logistik zustande kommen konnte, ist nachvollziehbar.

Letztendlich hatte Deutschland zu spät, zu zögernd und zu wenig Impfstoff bestellt. Die Impfzentren in den Kommunen standen bereit und hatten ihre Hausaufgaben erledigt.

Weshalb es unbedingt Impfzentren brauchte, wurde mir nie ganz klar. Warum hätten das die Hausärzte nicht auch von Anfang an machen können? Diese kennen ihre Patienten und impfen bereits ihr ganzen Hausarztleben lang. Man kann sich die tägliche Impfrate vorstellen, wenn alle Hausärzte gleich hätten impfen dürfen. Weshalb dies unterblieb, konnte bisher auch niemand vernünftig erklären.

Aktueller Stand ist nun der, dass die Hausärzte ab 1. April 2021 impfen dürfen. Allerdings vorerst nur bestimmte Mengen – weil die Impfdosen bei Weitem nicht ausreichen.

Spare, spare, Häusle baue

Warum hatte Deutschland nun plötzlich zu wenig Impfstoff? Und warum kam Deutschland mit dem Impfen nicht schneller voran?

Wenn Sie mit mir einen Blick auf die Grafik in Abbildung 2 werfen, dann sehen Sie deutlich, dass Deutschland per März 2021 in der Verteilung der Impfdosen deutlich hinter vielen anderen Ländern zurückliegt, sogar leicht unter dem EU-Durchschnitt. Selbst das wirtschaftlich nicht so starke Rumänien hat mehr davon an die Bevölkerung verimpft als wir.

Abb. 2: Verabreichte Impfdosen per 20. März 2021 je 100 Einwohner

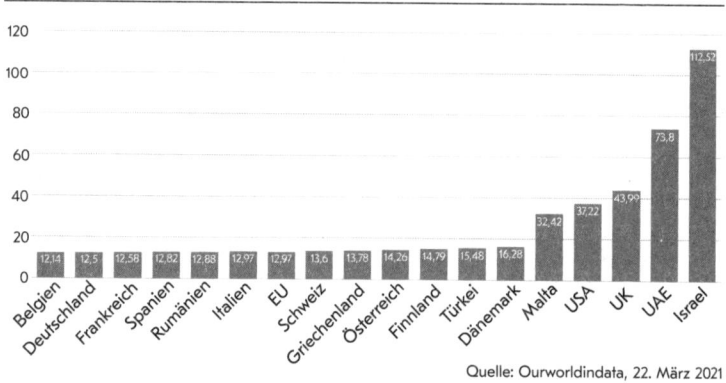

Quelle: Ourworldindata, 22. März 2021

Wir Deutschen zeigen gerne mal politisch mit dem Finger auf andere und versuchen, anderen Ländern die Welt zu erklären. Und gerade in der »schlimmsten Pandemie« versagen unsere typisch deutschen Eigenschaften wie gute Organisation und Planung?

Stattdessen zeigen sich unbarmherzig die bisherigen Leitplanken der deutschen Politik, nämlich Sparwut und Mutlosigkeit.

Jeder hat Verständnis für kluges Haushalten. Jeder Bürger versteht, dass man nicht sofort in jeder Situation eine kühne Entscheidung treffen kann.

Meiner Meinung nach wurde zu bürokratisch, zu beamtisch gehandelt. Das Streben nach völliger Absicherung ist vor allem in der Krise kontraproduktiv. Hier hätten wir schnelle und mutige Entscheidungen gebraucht. Da jedoch in der Bürokratie viele Vorgänge wieder und wieder durch unterschiedliche Personen geprüft werden, kommt es zu Verzögerungen und auch zu einer gewissen Mutlosigkeit. Wenn ein Beamter sehr genau weiß, dass der vor ihm liegende Vorgang noch durch drei weitere Personen oder Abteilungen geprüft wird, braucht er keine Entscheidung treffen. Bestenfalls stimmt er zu. Das ist aber noch lange keine Entscheidung. Oft werden solche unliebsamen Vorgänge verzögert und hinausgeschoben. Man wartet quasi, bis der große Chef ganz oben entscheidet. Nur, wie kann dieser entscheiden, wenn er keine ehrliche Rückmeldung bekommt?

Und während andere Länder bereits im Sommer flächendeckend Impfstoffe bestellten, war die EU unter der Mitwirkung Deutschlands äußerst zögerlich unterwegs. Sehr wahrscheinlich wollte man nicht zu viel Geld ausgeben, um bloß nicht – vor der anstehenden Wahl – in den Verruf eines Verschwenders zu gelangen.

Nun könnte man die Zögerlichkeit der EU und der Bundesregierung durchaus verstehen, wäre da nicht die »Jahrhundertpandemie« mit den ganz üblen Prognosen und den überbordenden Folgekosten und Folgeschäden durch die Lockdowns. Auf der einen Seite wurden die Bundesregierung und ihre Berater nie müde zu betonen, welche Gefährlichkeit von diesem Virus zu erwarten sei, und auf der anderen Seite knauserten und zögerten die Verantwortlichen bei der Beschaffung des heilbringenden Impfstoffes. Das passte nicht.

Die USA bestellten bereits im Juli Impfstoff, die EU erst im November. Eine frühere und großzügigere Bestellung hätte die Produktionen des Impfstoffes der jeweiligen Firmen nach oben schnellen lassen können.

Vor Corona gab es bereits viele Sparmaßnahmen, vor allem in den sozialen und gesundheitlichen Bereichen. Der Staat hortete lieber das Geld und starrte sklavisch auf die schwarze Null, anstatt es in Bereiche wie Gesundheitswesen und Personal in Pflegeberufen oder dem Öffentlichen Gesundheitsdienst zu stecken. Warum wurde das Gesundheitssystem nicht besser finanziell unterstützt und aufgewertet? Weil nur kranke Menschen Hilfe brauchen und die Gesunden nicht? Warum wurden die Schulen nicht saniert und technisch besser ausgestattet? Weil dort nur Kinder hingehen? Anstatt über die ganze Bevölkerungsstruktur mitsamt den Einrichtungen zu schauen und Missstände abzubauen, hat man lieber gespart.

Und nun wurden wir weiter in den Lockdown gezwungen, weil es keinen oder nur sehr wenig Impfstoff für Deutschland gab. Anfangs dachte ich noch an ein psychologisches Manöver; die künstliche Verknappung der Mittel, damit ein gewisser Anreiz gesetzt würde. Diesen Gedanken habe ich schnell verworfen. Es gab schlicht und ergreifend keinen Impfstoff. Deutschland hatte sich in der Abhängigkeit zur EU und mit dem Motto »Geiz ist geil« weiter in die Krise gespart.

Denn eine Sache steht für mich nach der ganzen Zeit fest. Nicht das Virus zwang uns diese Lockdowns und sämtliche Maßnahmen auf. Vielmehr waren es die jahrelangen Sparmaßnahmen. Ob Gesundheitsämter, Schulen, Behörden, allesamt hatten mit Personalengpässen und einer fehlenden zeitgemäßen Digitalisierung zu kämpfen.

Wären die Gesundheitsämter mit Personal und Softwareprogrammen besser ausgestattet, dann könnte dort eine viel höhere Zahl an Kontaktpersonen verfolgt werden. Letztendlich bestimmt die Inzidenzgrenze, wann geöffnet oder geschlossen wird. Und die Inzidenzgrenze wurde politisch gezogen, mit der Begründung, dass oberhalb von fünfzig pro hunderttausend eine Kontaktpersonenverfolgung der Gesundheitsämter nicht mehr möglich sei.

Und als dann ein Impfstoff marktreif vorlag, konnten die Deutschen nicht in der angemessenen Geschwindigkeit geimpft werden. Wir bezahlten mit Freiheitsentzug für die Sparpolitik der vergangenen Jahre und dem Versagen einer einfachen Impfstoffbestellung.

Und so beschloss die Ministerpräsidentenkonferenz mit der Bundeskanzlerin am 23. März 2021 eine Verlängerung des Lockdowns sowie zusätzlich einen mehrtägigen Shutdown. Dieser sollte vom 1. bis zum 5. April gehen und das öffentliche Leben weitgehend herunterfahren. Doch dieser Beschluss wurde kurz darauf einkassiert. Die Verantwortlichen kamen zu der Erkenntnis, dass dieser Beschluss nicht ganz so einfach umzusetzen wäre. An dieser Stelle muss man sich nicht wundern, dass die Bevölkerung nur noch wenig Verständnis für politisches Handeln aufbringt.

Bereits im März 2020 stufte das RKI das Risiko für die Bevölkerung in der Coronasituation als hoch ein. Spätestens ab diesem Zeitpunkt war klar, dass nur eine Impfung aus diesem Dilemma führen wird. Alle Regierungen der Welt begannen, in Sachen Impfstoff zu handeln. Auch Deutschland. Da eine Pandemie dem Wortlaut nach die gesamte Welt betrifft, sollte eigentlich auch klar gewesen sein, dass auf der ganzen Welt geimpft werden muss.

Zwei Probleme mussten nun dringend geklärt werden: Wann kommt ein geeigneter Impfstoff, und vor allem von wem? Viele Experten waren sich sicher, mit einem Impfstoff würde es Jahre dauern, im besten Falle ein bis zwei. Und dann, wenn endlich ein Impfstoff die Zulassungsreife bekommen sollte, würde die Frage anstehen: Wer wird zuerst geimpft? Denn auch das war völlig klar: Für alle Menschen in Deutschland würde der Impfstoff nicht reichen.

Gesundheitsamt 2.0

Bereits seit vielen Jahren sollte der Öffentliche Gesundheitsdienst (ÖGD) reformiert werden. Im Jahr 2018 wurde dazu ein neues »Leitbild« von der Landesgesundheitsministerkonferenz verabschiedet. Leitbilder mögen ja ganz nett und auch ein politisches Signal sein – die Wahrheit ist aber: Die Gesundheitsämter wurden seit Jahren vergessen und verschwanden in der Versenkung. Auch das neue Leitbild hat an dieser Situation nichts geändert. Worte in Form von Leitbildern reichen nicht aus. Es braucht eine Reform. Und zwar strukturell und personell.

Man kann und darf die Gesundheitsämter nicht mehr nur als Teil einer Verwaltung begreifen. Spätestens jetzt, inmitten der Pandemie, muss jedem Bürger und jedem Politiker klar sein, wie wichtig Gesundheitsämter sind. Mit SARS-CoV-2 hatten wir Glück. Dieses Virus hatte nicht die Fähigkeit, die komplette Bevölkerung schwer zu gefährden. Was aber tun wir, wenn eines Tages ein Erreger einer ganz anderen Klasse über den Erdball rollt? Denn eine Sache kann ich relativ sicher vorhersagen: Es wird immer wieder ein neuer Erreger kommen. Und mit hoher Wahrscheinlichkeit wird es dann auch einmal ein weitaus gefährlicher Erreger als SARS-CoV-2 sein. Dann braucht es gut funktionierende Strukturen im Öffentlichen Gesundheitsdienst. Vor allem braucht es dann Gesundheitsämter in Deutschland, die fachlich, personell und technisch auf dem neuesten Stand sind.

Zur Technik hatte ich mich bereits geäußert. Für mich ist die Lösung mit der bereits erwähnten Software SORMAS lediglich ein kleiner Baustein. Ich bin auch, wie gesagt, noch nicht überzeugt, ob diese Software tatsächlich dieser Gewinnbringer sein wird. Viel zu schnell und überhastet wurde sie eingeführt und dabei nicht an die bereits beschriebenen Aufgabenbereiche eines Gesundheitsamtes gedacht.

In meinen Augen wäre es absolut wünschenswert – Föderalismus hin oder her –, dass alle Gesundheitsämter in Deutschland mit ein und demselben Softwareprogramm arbeiten können. Und das natürlich auch in jedem einzelnen Fachbereich. Der Infektionsschutz sollte also das gleiche Programm wie die

Kinder- und Jugendmedizin in den Ämtern haben, eben nur mit anderen Modulen. Damit wäre auch gewährleistet, dass alle Ämter in ganz Deutschland untereinander mit entsprechenden Sicherheitsstandards kommunizieren und Daten austauschen können. Vor allem in Zeiten einer Pandemie kann das ein enormer Vorteil sein.

Auch zu den personellen Angelegenheiten ist bereits einiges gesagt worden. Die Gesundheitsämter müssen personell besser aufgestockt werden, und das wird nur durch zusätzliche Stellen, eine gute Bezahlung und mit einem attraktiven Arbeitsumfeld gelingen. Hier hat der ÖGD einigen Nachholbedarf, denn das Korsett des Beamtenwesens und der Verwaltung ist zu eng und starr. Wenn jede kleine Entscheidung erst einmal mit vielen anderen Personen diskutiert werden muss, wenn Einstellungen von Personal über viele Tische und Akteure gehen, wenn ein berufliches Fortkommen und Karrieren von Beurteilungen und Punktezahlen und damit extrem vom Wohlwollen der Vorgesetzten abhängen, dann habe ich erhebliche Zweifel, dass sich der ÖGD weiterentwickeln wird.

Zudem braucht es dringend einen Schutz von sich kritisch äußernden Beamten. Meine Strafversetzung ist ja nicht die einzige, zu der es nach ausgesprochener Kritik gekommen ist. Aus meiner Tätigkeit am Gesundheitsamt kenne ich genügend Beamte aus unterschiedlichen Bereichen und Behörden, die nach Kritik am Vorgesetzten »versetzt« worden sind. Viele sind daran zerbrochen. Massive gesundheitliche Einbrüche mit einer dauerhaften oder langwierigen Arbeitsunfähigkeit waren die Folge. Einige Beamte mussten vorzeitig in den Ruhestand geschickt werden.

Das kann nicht Sinn und Zweck sein. Beamte dienen dem Volk und nicht Politikern. Wenn Politiker und höhere Vorgesetzte kritische Beamte durch eine Versetzung oder andere Maßnahmen zum Schweigen bringen können, ist es nicht verwunderlich, wenn immer mehr Beamte den Mund halten, auch dann, wenn es notwendig wäre, Kritik zu üben. Deshalb schlage ich dringend eine Reform des Beamtengesetzes vor, in dem explizit der Beamte vor diesen Maßnahmen geschützt ist. Es braucht unbedingt ein Kritikschutzgesetz, durch welches ein Beamter im Rahmen bestimmter Voraussetzungen vollumfänglich geschützt ist. Man könnte es auch Whistleblower-Gesetz nennen.

Viele Bürger machen sich keine Vorstellung, in welchen Grauzonen Beamte beruflich arbeiten müssen. Immer wieder fällt ihnen falsches Handeln ihrer Vorgesetzten oder Kollegen auf. Da sie an ihr Dienstgeheimnis gebunden sind, haben sie wenig Handlungsspielraum. Der Beamte müsste sich an einen Anwalt wenden, was aber die Sache nicht vereinfacht, denn in dem Moment, in dem sich ein Anwalt einschaltet, ist der Beamte ebenfalls verbrannt, weil sich der Anwalt ja dann in den Vorgang einschalten würde. Also sitzt der Beamte in der Zwickmühle. Schweigt er, dann lädt er gegebenenfalls Schuld auf sich, macht er es öffentlich, dann würde er gegen das Dienstgeheimnis verstoßen. Bringt er seine Bedenken bei seinen Vorgesetzten zum Ausdruck, dann könnten ihm daraus negative Konsequenzen erwachsen ... Egal, wie er sich entscheidet, es wird ihm Ärger bringen.

Geld oder Leben

Der Oberbürgermeister und sein Gesundheitsreferent saßen schon seit über einer Stunde zusammen. Sie waren ratlos und kamen zu keinem Ergebnis. Was da vor ihnen auf dem Tisch lag, war eine Katastrophe. Mehrere Menschen seien an den Folgen einer Infektion im Städtischen Krankenhaus verstorben. Es war unschwer zu erkennen, dass die Verfasserin des Berichtes keinen

Zweifel daran hatte, dass im Krankenhaus nicht ausreichend hygienisch gearbeitet worden war. Dr. Monika Körnle war dem Referenten wohlbekannt. Ihm unterstand das Gesundheitsamt, und immer wieder geriet er mit dieser Ärztin aneinander.

Wenn dieser Bericht korrekt war, und davon gingen sowohl der Oberbürgermeister als auch der Referent aus, dann hatte das Krankenhaus ein Problem. Und obendrauf der Referent und der Oberbürgermeister. Dr. Körnle hatte sämtliche Hygienemängel aufgelistet, diese beurteilt und auf ein früheres Protokoll verwiesen, in dem sie bereits auf die aktuellen Mängel aufmerksam gemacht hatte. Weiter lag eine E-Mail an den Oberbürgermeister und den Referenten vor, in der sie darüber informierte und die Abstellung der Mängel forderte. Das Krankenhaus hatte zu wenig Personal, vor allem Reinigungskräfte. Weiterhin mahnte sie an, dass die Hygienefachkräfte viel zu wenig Stunden für die Tätigkeiten in der Hygiene zur Verfügung hätten. Der Oberbürgermeister ließ über seinen Referenten damals antworten, dass man sich der Sache annehmen werde, und versprach Besserung. Mit diesem Antwortschreiben wurde die Angelegenheit zu den Akten gelegt.

Da wurde Monika Körnle von der Vorzimmerdame hereingeführt. »Wir haben uns hier verabredet«, sagte der Oberbürgermeister übertrieben freundlich, um über zwei Dinge mit Ihnen zu sprechen. Ich denke, wir sollten mit dem Angenehmen beginnen und Ihre Beurteilung besprechen.« Der Oberbürgermeister überreichte ihr das Beurteilungsblatt, lehnte sich zurück, nahm einen Schluck Wasser und sagte: »Bitte in Ruhe durchlesen, danach sprechen wir darüber.«

Monika traute ihren Augen kaum. Was sie lesen musste, war bestenfalls mittelmäßig. Für die anstehende Beförderung brauchte sie definitiv eine bessere Bewertung.

»Darf ich fragen, wie Sie zu dieser Einschätzung kommen«, erkundigte sich Monika freundlich. »Nun Frau Dr. Körnle, wir

schätzen Ihre fachliche Expertise sehr, Sie sind freundlich und machen eine tolle Arbeit«, raspelte der Referent. »*Allerdings sind Sie bisweilen im Umgang mit Ihren Vorgesetzten, besonders mit mir, nicht immer zimperlich umgegangen, weshalb Sie im Abschnitt ›Umgang mit Vorgesetzten‹ einen Punkteverlust erlitten haben. Das macht sich natürlich in der Gesamtbewertung deutlich bemerkbar.*«

»*Andererseits*«, begann nun der Oberbürgermeister zu sprechen, »*haben wir ja hier noch diese unglückliche Sache liegen. Ich erwarte von Ihnen, dass Sie diesen Bericht zurücknehmen. Stellen Sie sich mal die Auswirkungen vor. Unser Krankenhaus wird sich davon nicht mehr erholen, die Presse wird sich auf uns stürzen, und denken Sie doch dabei auch an die vielen fleißigen Mitarbeiter des Krankenhauses, vor allem an die Pflegekräfte, die bis zur Erschöpfung arbeiten. Das haben sie nicht verdient.*«

»*Und die Toten hatten es nicht verdient zu sterben, Herr Oberbürgermeister. Sie und Ihr Referent haben das mit zu verantworten, neben der Klinikleitung. Und ja, die Mitarbeiter haben Fehler gemacht, vermeidbare Fehler. Und ich werde nicht zulassen, dass sich diese Fehler wiederholen.*«

Nun blähten sich die Backen des Oberbürgermeisters auf, seine Gesichtsfarbe nahm ein ungesundes Rot an, und er sagte: »*Wie ich bemerken konnte, sind Sie mit Ihrer Beurteilung nicht zufrieden. Ich kann das ändern, wir können das ändern. Mit einer besseren Beurteilung ist Ihnen die nächste Beförderung sicher. Aufgrund Ihrer privaten Situation ist doch eine finanzielle Verbesserung für Sie von Vorteil.*« *Monika kochte innerlich. Sie trank noch einen Schluck Wasser, schob ihren Stuhl zurück und sagte:* »*Ich muss mir das noch einmal durch den Kopf gehen lassen.*«

Sie verabschiedete sich von beiden Herren und ging Richtung Ausgang. Ihr Kopf schwirrte. Doch sie hatte bereits beim Verlassen des Büros eine Entscheidung getroffen. Als sie mit ihrem Rad

Richtung Gesundheitsamt fuhr, überlegte sie, welche Medien sie von den Vorfällen am Krankenhaus in Kenntnis setzen würde ...

Der Aufbau leistungsfähiger Gesundheitsämter
Gesundheitsämter müssen eigenständige Ämter sein. Es kann nicht sein, dass auch nur ein Gesundheitsamt und dessen Leitung »irgendwo« angegliedert oder eingegliedert sind. Die Leitung eines Gesundheitsamtes muss frei agieren können, ohne dass fachfremde Personen bei Personal, Struktur und Abläufen mitsprechen.

Wenn Gesundheitsämter nicht frei sind, dann verlieren sie nicht nur ihre Selbstständigkeit. In Bayern fand eine Eingliederungsreform statt, die mit wesentlichen Personalverlusten einherging, und viele Gesundheitsämter wurden im Laufe der Zeit zu bloßen Fachbereichen degradiert.

Durch diese Reform haben die Gesundheitsämter aber vermutlich nicht nur ihren Status, sondern auch den Willen zur Weiterentwicklung verloren. Diese Maßnahme war eine Beschneidung der Kompetenz und der Selbstständigkeit der Gesundheitsämter – mit fatalen Folgen.

Durch den Föderalismus sind die Gesundheitsämter in ganz Deutschland unterschiedlich fachlich und personell aufgestellt. Föderalismus mag ja in manchen Bereichen schön und gut sein, im Krisenfall taugt er nichts. Ich hatte beruflich immer wieder mit Krisen und krisenhaften Situationen zu tun. Meine Erfahrung ist, dass es nur einen geben kann, der den Hut aufhat. Dieser macht die Ansagen. Punkt. Krise ist eben Krise. Sie kann man nicht lernen, sie ist plötzlich da, und dann zeigt sich deutlich, wer was kann oder wer es eben nicht kann. Und je nach Krise braucht es die entsprechenden Fachleute.

Damit ich auch richtig verstanden werde: Ich spreche hier eindeutig von Krise. Diese muss im Gesundheitsbereich eindeutig definiert werden. Was genau die sogenannte epidemische Lage von nationaler Tragweite sein soll, ist nicht definiert. Das vergangene Jahr bis jetzt, März 2021, ist nach meiner Auffassung keine Krise oder eine epidemische Lage von nationaler Tragweite. Ich spreche das deshalb so deutlich an, weil ich nicht möchte, dass wir nun wegen jedem neuen Erreger sofort in den Krisenmodus springen. Aber man muss eben vorbereitet sein. Deshalb finde ich es nach wie vor elementar wichtig, genaue Definitionen und valide Zahlen zu haben. Man wird nicht oft der Gesamtgesellschaft solche Opfer abringen können.

Also braucht es bei der Neukonzeption eines modernen Öffentlichen Gesundheitsdienstes zwei Wege. Einmal den Weg im normalen Leben, also ohne Krise, in dem die Ämter im Gleichklang arbeiten und dabei gerne in einem föderalen System eingebettet sind.

In der Krise allerdings müssen alle Ämter aus dem föderalen System genommen werden und unter einem Hut agieren. Das bedeutet, sämtliche Gesundheitsämter in Deutschland müssen im Krisenfall einer einzigen Behörde unterstellt werden. Diese Behörde kommuniziert dann direkt mit den Gesundheitsämtern. Alle anderen Strukturen fallen für sie weg.

Nur so kann verhindert werden, dass zu viele Personen und andere Behörden in die tägliche Arbeit der Gesundheitsämter einwirken. Um eine Krise meistern zu können, braucht es flache Strukturen und wenig Bürokratie. Ebenso wichtig ist dabei, dass es im gesamten Land einheitliche Regelungen gibt. Es kann nicht sein, dass die Bundesländer unterschiedliche Regelungen in einer Krise haben.

Wie ist das zu schaffen?

In jedem Bundesland müssen die Gesundheitsämter gebündelt werden. Um es deutlich zu sagen: Nicht jeder Landkreis und nicht jede Stadt braucht ein Gesundheitsamt. Die aktuellen Ämter und deren Verteilung sind viel zu kleinteilig. Es sollten viele kleine Ämter aufgelöst werden, um einige wenige, aber dafür große und leistungsfähige Ämter zu schaffen.

Als wieder eigenständige Behörden, also ohne Anschluss an ein Landratsamt, könnten große Gesundheitsämter mit ebenso großen und deshalb auch schlagkräftigen Fachgebieten entstehen. Fachlich unterstellt würden die neuen Gesundheitsämter aber dem RKI. Das Bundesland stellte das Personal und übernähme die Kosten, da ja die Arbeit eines Gesundheitsamtes auch den Bürgern des Landes zugutekommt.

Kritiker werden nun einwerfen, dass jeder Landkreis und jede Stadt unbedingt ein eigenes Amt bräuchte. Für mich gibt es keinen fachlich relevanten Grund dafür. Natürlich ist es unbequem, wenn ein Beamtenanwärter eine weitere Anfahrt für einen Untersuchungstermin in Kauf nehmen muss. Nachvollziehbar, aber kein Grund für die vielen Ämter in Bayern und dafür, auf eine Reform zu verzichten. Als Kompromiss könnten große Gesundheitsämter Außenstellen in der Peripherie haben.

Ein weiterer Vorteil großer Ämter wäre eine qualitätsorientierte Fachausbildung, beispielsweise für die angehenden Amtsärzte. In den großen Ämtern könnte die praktische Ausbildung der angehenden Fachärzte erfolgen.

Die Facharztausbildung in den kurativen Fächern, also beispielsweise zum Internisten oder Kinderarzt, ist innerhalb Deutschlands vergleichbar. Die Ausbildung zum Facharzt für Öffentliches Gesundheitswesen ist lediglich innerhalb der theoretischen Module in Deutschland vergleichbar, denn für diese theoretische Ausbildung gibt es hier nur zwei Akademien: in Düsseldorf und in München.

Die praktische Ausbildung der angehenden Amtsärzte ist allerdings nicht einheitlich geregelt und wird dem Zufall überlassen. Je nach Amt und Engagement des Amtsleiters lernen die zukünftigen Amtsärzte mehr oder weniger für ihr späteres Berufsleben innerhalb bestimmter Bereiche. Da die Ämter unterschiedlich aufgestellt sind, kann es vorkommen, dass ein junger Amtsarzt noch nie ein Kind untersucht hat oder eine infektionshygienische Begehung im Krankenhaus machen konnte. Das ist natürlich fatal, denn das muss ein Amtsarzt beherrschen. Und diese Fähigkeiten lassen sich einfach besser an großen Ämtern mit allen Fachabteilungen durch eine qualitätsgesicherte Rotation beibringen.

Weiterhin sollten alle Gesundheitsämter bezüglich der Abteilungen und Aufgaben in ganz Deutschland spiegelgleich sein; dazu passend braucht es dann Spiegelabteilungen am RKI. Die bisherigen Landesfachbehörden bleiben bestehen, sie sind aber nur noch wissenschaftlich und beratend tätig. Fallzahlen der Gesundheitsämter gehen direkt an das RKI. Das hat unter anderem den Vorteil, dass es wenig Zeitverzug gibt. Ein weiterer Vorteil wären bundesweit einheitliche Empfehlungen. Das RKI könnte sie zunächst unter Einbeziehung der Landesbehörden erstellen und schließlich an alle Gesundheitsämter herausgeben.

Natürlich gibt es bereits jetzt am RKI Abteilungen für den Infektionsschutz. Allerdings haben weder das RKI noch die Landesbehörden eine Vorstellung davon, wie ein Gesundheitsamt arbeitet. Durch Spiegelabteilungen könnte zwischen den Behörden auch ein personeller Austausch stattfinden, beispielsweise im Rahmen der Facharztausbildung für angehende Amtsärzte. In ruhigen Zeiten ist es also wichtig, die entsprechenden Strukturen aufzubauen und diese auch regelmäßig zu überprüfen. Nur so bleibt gewährleistet, dass eine Weiterentwicklung stattfinden kann.

Föderalismus ist gut und wichtig, aber eben nicht in allen Belangen und schon gar nicht mehr in Krisenzeiten, wenn die gesamte Bevölkerung betroffen ist. Gesundheitsämter können also nicht erst im Föderalismus arbeiten und dann in der Krise plötzlich umschwenken und unter eine Bundesbehörde gestellt werden. Das wird nicht funktionieren, selbst dann nicht, wenn regelmäßig Übungen dazu ablaufen würden.

Es braucht eine unabhängige Behörde, die den Ton angibt. Ob diese Behörde tatsächlich das RKI, so wie es derzeit aufgestellt und organisiert ist, sein kann, muss ich hier stark anzuweifeln. Denn auch diese oberste Bundesbehörde ist dem Gesundheitsministerium unterstellt, mit allen Einflussmöglichkeiten, die ein Dienstherr so hat. Deshalb gehört zu einer Reform dringend auch eine Reform des RKI. Dieses Institut muss völlig frei und unabhängig arbeiten können. Es darf nicht weisungsgebunden durch eine übergeordnete Behörde sein. Im gesundheitlichen Krisenfall muss geregelt werden, dass der Behördenleiter/Institutsleiter den Kurs der Krise frei von politischen Zwängen bestimmen kann. Sowohl die Entscheidungen als auch die Maßnahmen müssen dem Parlament und den Bürgern transparent dargelegt werden. Voraussetzung für diese Position muss politische Unabhängigkeit sein.

Frei und ohne Druck: ein unabhängiges Expertengremium

Auch das hat die Pandemie überaus deutlich gemacht: Deutschland braucht dringend eine unabhängige Expertenkommission im Krisenfall. Und die Betonung liegt hier eindeutig auf unabhängig, denn Expertengruppen und Gremien gab und gibt es genug. Vielleicht sogar zu viele. Aber definitiv zu einseitig und zu abhängig.

Zunächst wäre es wichtig, dass alle betroffenen Fachdisziplinen gehört werden und gleichberechtigt angesehen werden. Dieses Expertengremium soll auch nur beraten, und zwar wieder denjenigen, der im Krisenfall das Sagen hat. In einer Pandemie sind viele Kernbereiche des täglichen Lebens betroffen. Insofern wünsche ich mir, dass in diesem Expertengremium auch Fachleute aller betroffenen Bereiche vertreten sind und gehört werden.

Die Zusammensetzung des Gremiums könnte wie folgt sein: ein Drittel wahlberechtigte Bürger, per Zufall ausgewählt, ohne Blick auf Alter, Status, Geschlecht, Beruf und Glaubensrichtung. Dieser Teil repräsentiert das Volk, also den Souverän, und sorgt dafür, dass die unmittelbaren Sorgen und Nöte der Basis abgebildet werden.

Warum ist dieses Drittel so wichtig? Ganz einfach, weil Politiker, aber auch Personen aus den anderen zwei Dritteln wohl eher durch Ausbildung und Einkommen privilegiert sein dürften. Damit könnten diese Personen den Bezug zum Alltag des Otto Normalbürgers verloren haben.

Wenn beispielsweise das Homeoffice nebst Homeschooling propagiert wird, dann sollten hier auch arbeitende Mütter mitsprechen dürfen. Diese könnten erklären, wie die Realität zu Hause aussieht und wie man sowohl das Homeoffice und gleichzeitig die Betreuung der Kinder unter einen Hut bringt. Dieser Teil aus der Bevölkerung wird unmittelbar nach Feststellung der epidemiologischen Notlage generiert. Alle Mitglieder werden entsprechend ihrer Ausfallzeiten für diese Tätigkeit entschädigt.

Das zweite Drittel sollte aus Wissenschaftlern der jeweiligen Disziplinen bestehen. Diese sind wichtig für die wissenschaftliche Begleitung und die Einordnung von fachlichen Sachverhalten. Im Falle der jetzigen Pandemie wären dies praktische Ärzte verschiedener Fachrichtungen: Epidemiologen, Virologen; aber auch Soziologen, Psychologen, Juristen sowie Vertreter von Pflegekräften und Wirtschaftsexperten.

Das letzte Drittel sollen die Kritiker sein. Dieser Personenkreis, bestehend aus beispielsweise Ethikern, Juristen und Philosophen, hat eine einfache, aber sehr wichtige Aufgabe: Diese Vertreter sollen widersprechen und Argumente gegen die herrschende Meinung aufbauen. Warum finde ich das wichtig? Ganz einfach, weil es sonst niemand machen würde. Denn der Imageschaden, ein möglicher Positionsverlust oder andere negative Folgen von Kritik sind Hemmnisse. Kritik selbst ist aber essenziell. Das müssen wir begreifen. Also muss Kritik von vornherein legitimiert werden, damit erkennbar ist, dass die Ausübung von Kritik einfach dazugehört.

Selbst in Wissenschaftskreisen sind Debatten und Kritik nicht mehr gerne gesehen. Zu viel an Fördergeldern, an Reputations- und Imageverlust hängt daran. Natürlich braucht es nicht Kritik um der Kritik willen. Kritik ist aber ein Motor für Alternativen, die sonst eventuell nicht zustande kämen. Wenn nun in einem Gremium Kritik ganz offiziell erlaubt ist, dann treten auch psychologische Mechanismen, wie etwa die Anpassung an eine Gruppe, oder das Gefallenwollen in den Hintergrund. Völlig frei und ohne Angst vor Schaden kann so sachliche Kritik an der einen oder anderen Stelle vorgebracht werden.

Mehr Übung!
Die Vergangenheit kann uns zeigen, wie wir die Zukunft gestalten sollten. Wenn wir etwas aus dieser Pandemie lernen können, dann ist es das, wie wir zukünftig damit umgehen können. Und dieser Umgang muss geübt werden.

Damit möchte ich nicht sagen, dass wir sofort immer wieder in dieses panikartige Verhalten fallen sollten. Nein, gerade nicht. Viele überzogene Maßnahmen in dieser Pandemie resultieren aus Unerfahrenheit. Ich gehe mal davon aus, dass noch kein Politiker und wenige Virologen und andere Berater jemals ein Ausbruchsgeschehen, und sei es auch noch so klein gewesen, aufarbeiten mussten. Natürlich ist eine Pandemie eine ganz andere Nummer.

In jeder Krisensituation sind die Abläufe und Mechanismen ähnlich: Es erkranken Menschen, man kennt den Erreger oder dessen Ursprung nicht. Menschen bekommen Angst, bestimmte Strukturen funktionieren plötzlich nicht mehr und müssen ersetzt werden. Zahlen sind exakt zu ermitteln und zu erfassen, Definitionen zu erstellen, damit eine ordentliche Einteilung erfolgen kann. Betroffene Menschen müssen beruhigt und helfende Menschen motiviert werden. Es braucht eine ordentliche Kommunikation zwischen den Akteuren und nach außen hin mit den Medien und der Bevölkerung. Hier kommen mir meine Erfahrungen als Leiter der Taskforce Infektiologie/Flughafen und als Gesundheitsamtsleiter bei Infektionsausbrüchen zugute. Und mit jedem Ausbruch einer Infektionserkrankung bekommt man mehr Routine und kann Situationen besser einschätzen.

Aber ich weiß auch, wie kräftezerrend und aufreibend so eine Situation sein kann, vor allem, wenn sie so lange anhält. Besonders vorsichtig muss man sein, dass sich nicht plötzlich eigene Strukturen innerhalb der Strukturen entwickeln. Eine solche Entwicklung zeigte mir immer, dass ich entweder keine ordentlichen Ansagen gemacht hatte oder dass die Kollegen/Mitarbeiter aus irgendeinem Grund nicht mehr hinter mir standen. Man braucht also auch dringend die Fähigkeit der Selbstreflexion. Diese Kompetenzen können nicht mal eben in einem Wochenendseminar erworben werden.

Aber genau darin liegt das Dilemma. Viele Führungspersonen denken, dass man mit einem Kurs mal schnell die Beherrschung einer Krise erlernen könne. Weit gefehlt. Immer wieder war ich erstaunt, wie blauäugig manche Leiter in Krisenfällen an die Sache herangingen. Krise bedeutet immer auch, dass man sich die Hände schmutzig machen muss. Immer! Wer das nicht möchte, wer das nicht kann, der hat in der Krise nichts in einer Führungsrolle zu suchen.

Deshalb hier mein ganz klarer Appell: Es braucht mehr Übung! Und nicht nur ein Planspiel auf dem Brett mit Papier, an dem nur ein erlesener Kreis an Auserwählten teilnimmt, um dann vor die Kamera zu treten und zufrieden zu erklären, dass alles in bester Manier gelaufen sei. Dieser Effekt ist durchaus verständlich. Wer möchte sich schon eingestehen, dass es nicht gut gelaufen ist? Gerade deshalb ist es umso wichtiger, Abläufe kritisch zu hinterfragen. Das braucht Mut, und man muss sich gelegentlich auch selbst quälen, um sein eigenes Tun kritisch zu betrachten. Aber wenn wir besser werden wollen, dann wird es ohne kritische Selbstreflexion nicht gehen.

Es braucht regelmäßige Übungen bis hinunter zur Basis, nämlich genau zu der Basis, die im Falle einer Pandemie die Arbeit hat. Das sind die Gesundheitsämter, Krankenhäuser und niedergelassenen Ärzte.

Diese kleinen Einheiten könnten einmal jährlich nach einem festgeschriebenen Schema den Ablauf einer Pandemie in ihrer Einheit beziehungsweise Organisation üben. Das Gesundheitsamt würde beispielsweise eine gewisse Anzahl an Meldungen bearbeiten und diese direkt an das RKI übermitteln. Dabei würde darauf geachtet, dass diese Meldungen nach der Falldefinition korrekt und zeitnah übermittelt werden. Zudem würde überprüft, ob die Mitarbeiter eines Gesundheitsamtes in der Lage sind, diese Aufgabe zu erfüllen, und ob die personellen Ressourcen reichen.

Alle zwei Jahre könnte dann das Zusammenspiel dieser Einheiten auf Landkreisebene geübt werden, zunächst jede für sich und zusätzlich im Zusammenspiel mit den für sie wichtigen Partnern: beispielsweise die niedergelassenen Ärzte mit den Krankenhäusern. Und diese beiden Säulen des Gesundheitswesens kommunizieren mit den Gesundheitsämtern hinsichtlich der Fallübermittlung. Das Gesundheitsamt übt zudem die Kontaktpersonenverfolgung und kann so schnell die Grenzen des Machbaren erkennen. Die Krankenhäuser könnten im Übungsfall tatsächlich mal bis an die Schmerzgrenzen der »Versorgung« und der Bettenkapazitäten gehen. Dies wäre ein in meinen Augen ohnehin schon längst fälliger Stresstest für die Krankenhäuser und deren Bettenbelegung. Gleichzeitig könnten die niedergelassenen Kollegen sehen, wo deren Kapazitätsgrenzen in der hausärztlichen Versorgung liegen. Der Umgang mit Schutzmaterial und persönlicher Schutzausrüstung könnte dabei ebenfalls aufgefrischt werden.

Alle drei Jahre stelle ich mir eine große und bundesweite Übung vor. Hier würden sämtliche Strukturen von oben nach unten überprüft und das Zusammenspiel der einzelnen Akteure geübt und getestet. In dieses Szenario wird die Bevölkerung mit einbezogen. Aber auch die Medien sollten mit Berichten und Informationen daran teilnehmen.

Selbstverständlich sind solche Aufwendungen kostspielig, und gerade für die Vorbereitung sind viel Zeit, Personal und Power notwendig. Gleichzeitig sollte dies kein Argument gegen solche Übungen sein. Während dieser Pandemie wurden zahlreiche Defizite freigelegt. Defizite, die durch jahrelange Sparmaßnahmen überhaupt erst verursacht worden waren. Zudem wurden Unmengen an Geld durch Maßnahmen verschleudert, von denen wir bis heute nicht wissen, ob diese überhaupt erfolgreich waren. Die Folgekosten, die aufgrund der Maßnahmen entstehen, vor allem des langen Lockdowns, werden in die Milliarden gehen. Wenn man also diese Kosten gegeneinander aufrechnet, wird man mit regelmäßigen Übungen und einer ständigen Weiterentwicklung von Personal, Material und Ausstattung sicher günstiger fahren. Zudem spart man sich nicht nur Geld; ganz sicher wird dadurch auch Schaden von den Menschen abgewendet.

Nach der Pandemie ist vor der Pandemie

In der aktuellen Pandemie wollten die Politik und ihre Experten den Eindruck vermitteln, dass sie alles im Griff hatten. Das war ein Fehler. Denn irgendwann kommen die Menschen dahinter, dass dem nicht so ist, und Glaubwürdigkeit und Vertrauen leiden enorm. Wenn sich dann immer weniger Menschen an Maßnahmen halten, muss mit einer Drohkulisse gearbeitet werden, um das Narrativ einer Gefahr aufrechtzuerhalten. Aber auch das werden immer mehr Menschen durchschauen, was wiederum zu noch mehr Vertrauensverlust führen wird.

Eine solche Spirale ist brandgefährlich. Sie kann eine Gesellschaft zerreißen und dazu führen, dass eventuell notwendige Maßnahmen nicht mehr ernst genommen und deshalb nicht eingehalten werden.

Was ist also das Wichtigste in einer Krise? Verlässlichkeit und Vertrauen. Verlässlichkeit gewinnt man durch Transparenz und exakte Zahlen, aufgrund derer man dann bestimmte Maßnahmen begründen kann.

Für eine zukünftige Pandemie brauchen wir also eine zuverlässige Messgröße von Erkrankten und Verstorbenen. Natürlich wird man bestimmte Messmethoden erst einführen können, wenn man den neuen Erreger kennt. Wir müssen eben erkennen, dass wir die Natur nicht beherrschen und kontrollieren können. Von dieser Kontrollillusion muss man sich von Beginn einer Pandemie an verabschieden.

Nun denken aber viele Führungspersonen genau das Gegenteil. Man müsse den Menschen zeigen, dass man stark sei, führen könne und auf alles eine Antwort wisse. Das ist Unsinn. Eine gute und starke Führungspersönlichkeit überzeugt gerade dadurch, dass sie in Situationen, in denen es viele Unbekannte gibt, nicht einfach die »Allwissende« spielt. Eine gute Führungspersönlichkeit ist offen und ehrlich, spricht auch unangenehme Dinge an, verzweifelt daran aber nicht. Das wird oft missverstanden. Da aber Politik meist handelt, bleibt das überlegte Handeln oft auf der Strecke. Zu sehr beschäftigen sich Politiker mit Umfragen und Meinungen, zu oft schauen sie auf ihre Accounts in den sozialen Medien und richten sich danach aus. Und so unterläuft ihnen ein riesengroßer Denkfehler, denn ihre Follower oder alle diejenigen, die einen Kommentar abgeben, machen ja nur einen Bruchteil der Bevölkerung aus.

In der nächsten Pandemie brauchen wir außerdem mehr Mut, weniger Bürokratie. Deutschland hat sein ehemaliges Image als Land der Strategen und Macher verloren. Bei dem Versuch, alles bis ins Kleinste zu regeln, mit einer schon fast unanständigen Lust an der Bürokratie, haben Deutschland und seine Verwaltung versagt. Erst gab es zu wenig Masken, dann zu viele. Zeitgleich kamen Parlamentarier in Verdacht der Korruption bei den Maskengeschäften. Fast schon amüsant war in diesem Zusammenhang die Sache mit den Berechtigungsscheinen für »Schutzmasken mit hoher Schutzwirkung«. Mit diesen Berechtigungsscheinen konnten Personen aus Risikogruppen sich sechs Masken aus der Apotheke unter Eigenbeteiligung von jeweils zwei Euro abholen. Diese Berechtigungsscheine wurden postalisch verschickt, und nicht wenige davon landeten bei jungen und gesunden Menschen, weil die eigentlich Berechtigten nie tatsächlich erfasst worden waren. Vermutlich wurden die Masken auch nach Namen verschickt, und wer eben einen Vornamen hatte, der um 1940 grade in Mode war, der erhielt Berechtigungsscheine. Gleichzeitig konnte man auf dem freien Markt für wenig Geld diese Masken erwerben.

Es gab zu wenig Impfstoffe, weil vermutlich zu zögerlich und zu wenig bestellt worden war. Die groß angekündigte Testoffensive sank wie ein missglücktes Soufflé in sich zusammen. Es gab zu wenig Tests. Und bevor Bund und Länder großflächig testen konnten, brachten die ersten Discounter bereits Schnelltests heraus. Um es hier klarzustellen: Ich fand Massentests zu keiner Zeit sinnvoll. Was mir mehr Sorgen bereitete, war die Tatsache, dass die Verantwortlichen in Bund und Ländern »Krise« einfach nicht konnten.

Deutlich sichtbar wurde das auch an den neuen Beschlüssen der Ministerkonferenz Anfang März 2021. Der dort entworfene Fünfstufenplan war so absurd bürokratisch und unverständlich, dass er vor allem bei den Betroffenen dieser Regelungen nur noch Kopfschütteln hervorrief. Je nach Inzidenzwert mussten der Einzelhandel oder die Gastronomie verschiedene Auflagen erfüllen.

In der Krise braucht es weniger beamtisches Handeln. In einer Krise braucht es Pragmatismus und auch den Mut, nicht alles x-mal zu prüfen und überprüfen zu lassen, nur damit man ja keine Fehlentscheidung trifft. Diese Verzagtheit mag zwar Fehler im Verwaltungshandeln minimieren, gleichzeitig richtet aber das Zögern oft größeren Schaden an.

Deshalb braucht es in der Krise eine schlankere Struktur in den Entscheidungssträngen und den Mut, Fehler zu machen. Ich habe meinen Mitarbeitern, vor allem den Neuzugängen, immer wieder empfohlen, sich niemals vor Entscheidungen oder Verantwortung zu drücken. Dabei hab ich ihnen auch Fehler zugestanden. Wo es keine Blaupause gibt, sind Fehler vorprogrammiert. Zu einer echten Krise gehören auch Fehler. Nur muss man daraus schnell lernen. Und Deutschland hat nicht gelernt.

Sehr wichtig ist die Kommunikation mit den Bürgern. Wo Unsicherheiten und Lücken bei der Erklärung von Maßnahmen entstehen, können Verschwörungstheorien wachsen. Der Mensch braucht verständliche Erklärungen in außergewöhnlichen Situationen mit den darauf folgenden Maßnahmen. Man gewinnt die Menschen nicht durch Drohungen, Dramatisierungen oder gar Bestrafungen. Eine gewisse Zeit wird dieses Vorgehen sicher funktionieren. Aber eben nicht lange. Und eine Pandemie kann lange dauern. Vielleicht ist es nicht SARS-CoV-2, das uns alle ernsthaft bedroht. Was aber, wenn mal ein wirklich gefährlicher Erreger um den Globus zieht? Wenn uns bereits COVID-19 als Erkrankung völlig verängstigt, erschöpft und vor einem wirtschaftlichen Super-GAU dastehen lässt, möchte ich mir nicht ausmalen, was passieren würde, wenn ein gefährlicheres Virus auftaucht. Dringend müssen die Verantwortlichen reflektieren, was schiefgelaufen ist. Und das war eine Menge. Wir können es uns schlicht und ergreifend kein weiteres Mal leisten, derart panisch zu agieren. Die nächste Pandemie kommt gewiss.

III. TEIL:
UNGESUNDE DISKUSSIONSKULTUR

10. Drohen statt erklären

»Wie wir COVID-19 unter Kontrolle bekommen«, so heißt ein Strategiepapier aus dem Innenministerium, das bereits im März 2020 an die Öffentlichkeit kam.

Dieses Papier zeigt verschiedene Szenarien der Pandemie auf. Unter anderem ist darin zu lesen, dass eine »Schockwirkung« in der Gesellschaft erzielt werden soll, um die Situation zu verdeutlichen.

Um es kurz zu machen, dieses Papier beschreibt, mit welchen Mitteln die Öffentlichkeit »bearbeitet« werden soll, damit sie die Gefährlichkeit der Pandemie keinesfalls unterschätzt.

Insgesamt liest sich dieses Papier gruselig, und man mag es sich gar nicht vorstellen, dass so ein Strategiepapier vonseiten der Politik kommt. Wenn Politik mit den Instrumenten der Angst und Einschüchterung arbeiten muss, um eine Bevölkerung von der Gefährlichkeit einer Pandemie zu überzeugen, dann ist das ein für mich verstörender Vorgang.

Unabhängig von dem oben erwähnten Strategiepapier können in der Kommunikationsstrategie der Politik drei Schwerpunkte ausgemacht werden.

Die Gefahrenkommunikation
Die Kommunikation der Politik – sowohl national als auch international – war erstaunlich homogen. Mit Formulierungen aus dem Krieg oder dem Militär wurden kaum steigerbare Superlative geschaffen.

So wurden die Menschen mit Schlagwörtern wie »größte Herausforderung seit dem Zweiten Weltkrieg« und »Wiederaufbau«, »Herausforderung«, »Bewährungsprobe« oder »historische Jahrhundertkrise« bereits in einen Zustand der Emotionalität gesetzt.

»Es ist ernst. Nehmen Sie es auch ernst«, »Seit der Deutschen Einheit, nein, seit dem Zweiten Weltkrieg gab es keine Herausforderung an unser Land mehr, bei der es so sehr auf unser gemeinsames solidarisches Handeln ankommt« – diese Sätze sagte Angela Merkel in ihrer Fernsehansprache am 18. März 2020.

Das Grundprinzip einer solchen Kommunikation ist Angst. Mit solchen Appellen und Begrifflichkeiten sollte der schlimmste Fall skizziert werden und bei den Menschen Besorgtheit, Betroffenheit und Sorge vor dem Ungewissen ausgelöst werden.

Durch die Benutzung von Konjunktiven, also »könnte«, »würde« und so weiter, im Zusammenspiel mit der ständig wiederkehrenden Aussage, dass wir nichts über das »neuartige Virus wissen«, wurde der Eindruck einer völligen Alternativlosigkeit vermittelt. Was aber nicht richtig war. Denn keinesfalls war SARS-CoV-2 »neuartig«. Mediziner und Virologen kannten bereits einige Coronaviren und die damit einhergehenden Erkrankungen.

So wurden fast schon formelhaft diese Begrifflichkeiten und Aussagen wiederholt, aber wenig erklärt.

Mir fehlte von Anfang an eine Erklärung, was denn nun der Unterschied zwischen einer Infektion und einer Infektiosität (Ansteckungsfähigkeit) ist. Ebenso fehlte mir die Erklärung, was der PCR-Test tatsächlich nachweisen kann. Also eben nicht die Erkrankung, sondern lediglich kleinste Genabschnitte des Virus ohne weitere Aussagekraft.

Als ich im Frühsommer auf einem Agrarbetrieb einen Ausbruch mit meinem Team aufzuarbeiten hatte, waren sowohl der Betrieb als auch das Gesundheitsamt im Fokus der Öffentlichkeit. Der betroffene Betrieb hatte ein sensationell gutes Hygienekonzept und eine Umsetzung, dass man hier als Gesundheitsamt nur staunen konnte.

Trotzdem wurden knapp einhundert Saisonkräfte im Laufe der Ermittlungen positiv getestet, allerdings waren alle Positiven ohne Symptome. Ich erklärte nun der Presse und der Öffentlichkeit, dass die positiven Saisonarbeiter keinesfalls krank waren, sondern dass der PCR-Test lediglich Bruchstücke von nicht mehr ansteckungsfähigen Viren durch die Abstriche nachwies. Diese Aussage stieß auf völlige Abwehr und Unverständnis. Man warf mir sogar vor, dass ich mit dem »Agrarindustriellen« unter einer Decke stecken würde.

Weder die Bevölkerung noch die Pressevertreter kannten das Nachweisprinzip des PCR-Testes. Die Aussagen von Politikern und deren Beratern, dass der PCR-Test die Krankheit nachweisen könne, wurden einfach so übernommen. Mittlerweile hat sich auch in großen Teilen der Bevölkerung und in den Medien herumgesprochen, dass ein PCR-Test lediglich Genschnipsel nachweisen, aber weder eine Erkrankung noch eine Infektiosität feststellen kann.

Obwohl Politiker nicht müde wurden zu erklären, dass man über das »neue Virus« nicht viel wusste, wurde ziemlich früh von »Long-COVID«, also den Spätfolgen der Krankheit berichtet. Ebenso wurde sehr schnell ein Pandemie beendender Impfstoff angekündigt. Lockdown und Impfstoff waren also anscheinend die einzigen Lösungen in der Pandemie.

Selbst nach Monaten war noch das »neuartige Virus« ein feststehender Begriff, und als endlich die Zahlen der positiven Labormeldungen nach unten gingen, kamen die Mutanten. Und wieder wurde mit Begrifflichkeiten der Angst und einer sehr bildhaften Sprache gearbeitet, anstatt der Bevölkerung zu erklären, dass Mutationen nicht ungewöhnlich sind.

Insgesamt war auffällig, dass das Virus mit der Sprache personalisiert und dabei mit emotionalisierenden Adjektiven versehen wurde. Das Virus wurde das »Böse« schlechthin. Es war

»grausam«, »höllisch«, »tückisch«, und »gemein«. Es wurden Horrorvergleiche von Politikern bemüht: Der Bayerische Ministerpräsident Markus Söder verglich Corona mit der Pestilenz und brachte die täglich vermeldeten Todeszahlen mit der Größenordnung eines täglichen Flugzeugabsturzes in Verbindung.

Diese Sprache zeigte natürlich Wirkung und verängstigte die Bevölkerung zutiefst.

Die Appelle an das »Wir«
Mit Appellen an die Gemeinschaft, indem Wörter wie »wir«, »alle zusammen«, »müssen jetzt alle gemeinsam« bei sämtlichen Reden und anderen Gelegenheiten eingeflochten wurden, entstand ein Gruppendruck.

Auch Bundespräsident Frank-Walter Steinmeier appellierte in seiner Weihnachtsansprache 2020 an das »Wir« und sagte, dass uns das Virus zusammenrücken ließe. Diese Äußerung in einer Zeit, in der eben gerade soziale Distanz (Social Distancing) empfohlen wurde, erscheint doch befremdlich. Sicher war diese Äußerung gut gemeint – aber eben schlecht gemacht und eine unglückliche Bemerkung. Denn gerade die Maßnahmen der Politik führen zu einer Entfremdung in der Gesellschaft und fördern keineswegs einen Zusammenhalt.

Ministerpräsident Markus Söder warnte gar vor einer möglichen »Corona-RAF«. Wenn man sich mal genau den Begriff der RAF und deren Taten ansieht, dann kann man über solche Aussagen nur den Kopf schütteln. Ich finde, wir müssen uns nicht mehr wundern, dass das gesellschaftliche Klima vergiftet wurde.

Auf diese Weise wurde die Gesellschaft durch Moralappelle und negative Zuschreibungen an Kritiker gespalten.

Politiker erwähnten oft, dass die vernünftige Mehrheit solidarisch handeln würde, mit Mitgefühl und Verantwortung.

Die anderen waren also automatisch die Minderheit und damit unvernünftig, egoistisch und verantwortungslos. Aber wer war nun diese vernünftige Mehrheit?

Ich kann sagen, dass ich mit vielen überzeugten Maßnahmenbefürwortern gesprochen und diese persönlich kennengelernt habe. Ausnahmslos jeder interpretierte die Maßnahmen zu seinen Gunsten und lockerte hie und da mal eine Anweisung. So wurden fleißig die FFP2-Masken manipuliert, indem man die Innenseiten herausnahm, damit man besser atmen konnte. Die Regel, sich mit nur einer Person zu treffen, wurde so großzügig ausgelegt, dass man sich am Tag mit drei Personen traf, allerdings zu unterschiedlichen Zeiten.

Ausgangssperren wurden umgangen, indem man sich den Hund des Nachbarn auslieh und mit diesem auch nach 21 Uhr spazieren fuhr oder Alibi-Gassi ging.

Besonders perfide waren diejenigen, die sich unberechtigt eine Impfung verabreichen ließen, obwohl sie noch gar nicht an der Reihe waren. Die Ausreden dafür fand ich haarsträubend.

Jedoch wenn die Politik von Dank, herrschender Solidarität und Moral sprach, dann fühlten sich auch diese Personen angesprochen und zeigten mit dem moralischen Finger auf andere.

Abwehr von Kritik »wir und die«

Relativ schnell waren in der Kommunikation der Politik die Fronten beziehungsweise die Seiten klar erkennbar. Kritiker wurden politisch nach rechts geschoben und von Anfang an erkennbar diskreditiert.

Diffamierungen durch Bezeichnungen wie »Coronaleugner« rückten die Maßnahmenkritiker sprachlich in die Richtung von Holocaustleugnern. Wer nur ein wenig Zweifel an den Maßnahmen hatte, wurde zum Coronaleugner.

Die Nähe zu Antisemitismus, Reichsbürgern und AfD wurde sprachlich immer wieder in Zusammenhang mit Kritikern gebracht. Mittlerweile ist der schöne Begriff des Querdenkers durch Framing und Diffamierung derart beschädigt, dass sich Kritiker der Maßnahmen bereits vom Begriff des Querdenkens distanzieren.

Ich werde auch heute noch immer wieder mit den sogenannten Querdenkern in Verbindung gebracht, obwohl ich keine einzige Veranstaltung besucht habe. Im Gegensatz zu Reichsbürgern, der rechten Szene, der linken Szene und der AfD habe ich mich aber nie vom Begriff Querdenker distanziert. Warum auch? Dazu ist mir der Begriff an sich viel zu sympathisch. Und die Querdenker, die ich kennenlernte, kritisierten lediglich die Maßnahmen und hatten vor allem das Wohl ihrer und anderer Kinder im Blick.

Leider wurde die Querdenker-Bewegung jedoch bereits am Anfang der Pandemie mit den Begriffen der Verschwörungstheorie, später der Verschwörungsmythen und schlussendlich der Verschwörungsideologen und Spinner weiter dominiert. Eine sprachliche Abwärtsspirale begann, ließ sich bis heute nicht mehr aufhalten und spaltete die Gesellschaft. Wer auch nur einen kleinen Teil der Maßnahmen kritisiert, der wird seither als Querdenker bezeichnet und damit herabgesetzt. So wurde durch die negative und zerstörerische Kommunikation der Politik eine vermeintlich unüberwindbare Teilung der Gesellschaft provoziert.

Die Profiteure der Pandemie
In jeder Krise finden sich Menschen, die daraus Kapital schlagen. Und selbstverständlich gibt es auch in dieser Pandemie Gewinner. Es sind diejenigen, die beispielsweise monetäre Vorteile aus den Maßnahmen ziehen. Jedes Grundstück, auf

dem eine Teststation steht, jede Einrichtung, in der ein Impfzentrum installiert wird, gehört jemandem. Und dieser Jemand vermietet sein Eigentum, bekommt also Geld dafür. Schnell gründeten sich neue Firmen, die für viel Geld Teststationen betrieben, aber auch selbstständige Ärzte, die sich für Test- und Impfzentren anboten, denn der Stundenlohn war sehr lukrativ.

Leider gab es auch Profiteure hinter den Kulissen. Einige Bundestagsmitglieder führender Parteien haben sich offenbar an Maskengeschäften beteiligt und hohe Prämien dafür kassiert.

Neben den monetären Gewinnen könnte es aber auch andere Gewinne geben. Ich erinnerte mich an meine Ausbildung. Irgendwann kamen wir auf das Thema des Krankheitsgewinns zu sprechen. Als Krankheitsgewinn werden die objektiven und subjektiven Vorteile eines Patienten gesehen, die dieser aus seiner Erkrankung beziehungsweise Diagnose zieht. So kann der Patient in der Rolle des Kranken von vielen seiner Alltagspflichten entbunden werden, er erfährt eventuell mehr Mitleid und Mitgefühl, und er könnte auch von seinem Umfeld schonender und zuvorkommender behandelt werden als bisher.

Kann das der Grund sein, warum immer noch so viele Menschen völlig unsinnige Maßnahmen derart vehement verteidigen? Beispielsweise das unsinnige Tragen von Masken im Freien. Die tatsächliche Infektionsgefahr im Freien liegt nahezu bei null, ist also praktisch nicht vorhanden. Warum also setzen sich immer noch Menschen für diese Maßnahme ein? Dass sie nur aus reiner Solidarität und zum Wohle der Schutzbedürftigen diese Haltung haben, mag und kann ich nicht glauben. Denn Solidarität und Schutz sind keine Einbahnstraßen. Wer das Wohl anderer im Blick hat, der muss auch an andere denken. Eben an diejenigen, denen das Maskentragen aus gesundheitlichen Gründen eine Qual ist. Aufgrund der Maskenpflicht benötigt man ein ärztliches Attest zur Befreiung; dieses Attest ist aber schwer zu bekommen, weil der Staat mit Argusaugen über die ausstellenden Ärzte wacht und ihnen sehr schnell die Falschausstellung eines Attestes vorwirft. Immer wieder war von Durchsuchungen in Arztpraxen wegen sogenannter Gefälligkeitsatteste in den Medien zu lesen.

Also landete ich gedanklich irgendwann beim erwähnten Krankheitsgewinn. Wie könnte dieser Gewinn aussehen? Vielleicht fühlen sich manche Befürworter plötzlich wichtig und innerhalb einer Solidargemeinschaft aufgenommen und zugehörig, ähnlich wie bei einer Sportveranstaltung, auf der man ein Team anfeuert und den Sieg dieser Mannschaft gemeinsam feiert. Endlich gehört man dazu, endlich gewinnt man zusammen – und ist somit Teil einer Gruppe.

Vielleicht liegt es daran, dass man plötzlich eine Heldenrolle spielen kann. Die Bundesregierung macht es mit ihrem Werbespot vor. Wer zu Hause bleibt, ist ein Held. Noch nie war es so einfach, Leben zu retten. Und wer möchte nicht mal Held sein, vor allem so einfach und ohne viel Zutun. Gemütlich auf der Couch sitzen, Chips essen, Netflix schauen und nebenbei die Pandemie bekämpfen, das Virus auslöschen und besiegen – wie es uns viele Politiker vorsagen. Was viele nicht wissen oder wissen wollen: Ein Virus lässt sich nicht töten.

Vielleicht haben aber manche Befürworter einen noch viel größeren Gewinn, als mir überhaupt klar ist. Dabei denke ich beispielsweise an diejenigen, die endlich im Homeoffice arbeiten dürfen; und meine dabei ausdrücklich nicht die bedauernswerte Mutter von zwei schulpflichtigen Kindern, die neben Homeoffice und Homeschooling auch noch Housekeeping und Husbandsitting leisten muss.

Vielmehr denke ich an diejenigen, die täglich zur Arbeit pendeln müssen, viele Stunden unterwegs sind, nur um im

Büro die gleiche Tätigkeit zu verrichten, die sie nun genauso gut von zu Hause aus machen können. Ich denke aber auch an die ängstlichen Menschen, die Jahr für Jahr Erkältung, Grippe und andere infektiöse Erkrankungen fürchten. Für sie ist es vielleicht ein Segen, endlich auf Abstand gehen zu können, Maske zu tragen und alle anderen Hygienevorgaben zu erfüllen, ohne dabei komisch angesehen zu werden

Vielleicht gibt es doch mehr Hypochonder in Deutschland als bisher bekannt. Menschen, die selten Sport machten, wenig in Gesellschaft und nicht gern im Freien waren und eh nichts von Partys sowie anderen größeren Veranstaltungen hielten – sie könnten es momentan leichter als vor Corona haben. Nun müssen sie sich nicht mehr rechtfertigen, warum sie dieses oder jenes eben nicht machen. Noch gibt ihnen die Mehrheit der Menschen in unserem Land recht. Noch erfahren sie Unterstützung durch die Politik. Das könnte jedenfalls erklären, warum weiterhin so viele diese Maßnahmen mittragen.

11. (Quer-)Denken erlaubt?

Gefährliche Reflexe
Seit der Bundestagswahl 2017 sind im Bundestag sechs Parteien vertreten: die Union mit CDU und CSU, die SPD, AfD, FDP, Die Linke und das Bündnis 90/Die Grünen.
Die Landtagswahl 2018 in Bayern brachte erwartungsgemäß die CSU in den Landtag, daneben die Grünen, die Freien Wähler (FW), AfD, SPD und FDP. CSU und FW bilden die Bayerische Staatsregierung innerhalb einer Koalition.
Warum erwähne ich das? Nun, es ist wichtig, um bestimmte Entscheidungen beziehungsweise manche Maßnahmen besser einordnen zu können.
Krise bedeutet immer die Stunde der Regierungsparteien. Hier können sich die Regierenden profilieren, ihre gesamte Kompetenz zeigen, ihr Wissen ausspielen und ihre Führungsstärke zeigen.
Doch diese Krise war von Beginn an anders. Womit hatte man es zu tun? Okay, ein Virus. Aber mehr wusste man nicht. Man kannte nur die Bilder aus China und dann aus Italien, und ehe man sich versah, war COVID-19 bei uns in Deutschland angekommen. Und nun? Man holte sich Experten. Das war per se schon mal eine gute Idee. Ob sich die Politik nun aber wirklich von den richtigen Experten hat beraten lassen, davon bin ich persönlich bis heute noch nicht überzeugt. Zu viel Kungelei und zu wenig Transparenz, das ist mein Eindruck, wenn es um das Einholen von Fachexpertenmeinungen geht. Aber das ist nun in diesem Kapitel nicht der Punkt.
Der Punkt sind die Parteien und deren Ansichten. Interessanterweise verloren sämtliche Oppositionsparteien, vor allem am Anfang der Pandemie, ihre Rolle als Opposition. Gegen-

wind mussten die regierenden Parteien und Politiker nicht befürchten. Was auch klar war, denn wer hatte schon jemals eine solche Krise erlebt? Welcher Politiker hatte Erfahrung im Umgang mit einer Pandemie? Und so taten die Regierungsparteien in Bund und Ländern genau das, was man von ihnen erwartete, sie regierten und reagierten, während die Opposition nur zusehen konnte und zum Nichtstun verdammt war.

Was hätte die Opposition auch tun können? Keine Partei konnte die Bilder aus China oder Italien ignorieren. Keine Partei konnte ernsthaft ob dieser Bilder und der schrecklichen Szenarien, die tagtäglich neu prognostiziert wurden, gegen die Regierung angehen. Das wäre politischer Selbstmord gewesen. Jeder COVID-Tote wäre auf das Konto dieser Partei gegangen. Und das wollte sich keine Partei antun. Also blieb die Opposition zunächst ruhig und unterstützte im Großen und Ganzen die Regierungslinie.

Die Regierenden setzten also unsere Grundrechte Stück für Stück außer Kraft, nahmen Maßnahmen vor, die keineswegs wissenschaftlich evident waren.

Und obwohl es zunächst Hinweise, dann aber wissenschaftliche Arbeiten darüber gab, dass ein Lockdown wenig Nutzen bringt und sogar mehr Schaden in der Gesamtbevölkerung anrichtet, blieb die Opposition zahm.

Erst, als sich langsam Widerstand in der Gesellschaft regte, sprangen manche Parteien auf diesen Zug auf. Besonders die AfD entdeckte plötzlich wieder ihre Lust am Opponieren und griff alle Kritikpunkte auf, die die sogenannten Querdenker ins Feld führten. Das tat natürlich weder den Querdenkern noch den Menschen gut, welche lediglich die Maßnahmen – vielleicht sogar nur ein paar Maßnahmen – kritisierten.

Viele Kritiker fanden sich plötzlich in der rechten Ecke. Dafür sorgte schon die Bayerische Staatsregierung mit scharfen

Formulierungen gegen die Kritiker ihrer Maßnahmen. Auch die Bundesregierung samt Pressesprecher brandmarkte Kritiker besonders stark.

Und ehe ich mich versah, wurde auch ich auf die rechte Seite geschoben, ganz nah bei der AfD, obwohl ich zu keinem Zeitpunkt irgendein Interesse an dieser Partei gezeigt hatte. Bis heute nicht.

Doch die AfD vereinnahmte mich. Plötzlich fanden sich meine Positionen und mein Name auf deren sozialen Medien. AfD-Parteimitglieder nahmen Kontakt mit mir auf und baten um ein Gespräch, welches ich immer wieder ablehnte. Mehrmals hatte ich öffentlich erwähnt, dass ich mich von keiner Partei vor den Karren spannen lassen möchte, am allerwenigsten vor dem der AfD.

Trotzdem blieb der Beifall dieser Partei nicht aus. Und eben dieser Beifall machte alles nur noch schlimmer. Durch diese provozierte Nähe wurden meine Argumente jetzt noch weniger gehört. Denn wenn das, was ich sagte, die AfD aufgreift, dann kann das ja nicht gut und richtig sein. Dafür hatten ja die anderen Parteien gesorgt. Indem man über jedes Stöckchen sprang, das die AfD hinhielt, beschäftigten sich die Parteien nie mit den Themen der AfD. Obwohl die AfD demokratisch legitimiert in den Parlamenten vertreten ist, spricht man ihr nach wie vor diese Legitimation ab. Und dabei vergisst man, dass man auch den Wählerwillen derjenigen, die die Partei wählten, missachtet und damit die Bürger, die dahinterstehen.

So forderte beispielsweise die AfD frühzeitig die Abschaffung der Maskenpflicht im Unterricht, eine andere Zählweise der Erkrankten und ein Beenden des Lockdowns.

Ich hatte diese Maßnahmen ebenfalls kritisiert und war für deren Abschaffung beziehungsweise Änderung. Da diese Kritikpunkt aber auch bereits in der Kommunalpolitik bei der

AfD ankamen, blieben meine Einwände weiterhin ungehört, nur dass ich nun in das rechte politische Spektrum geschoben wurde.

Da so gut wie alle Kritiker plötzlich Querdenker, Reichsbürger und Nazis waren, konnte natürlich von diesen Kritikern nichts Kluges mehr kommen. Soll heißen, egal, welche Vorschläge nun von Kritikern kamen, sie mussten von den Regierenden auf jeden Fall abgelehnt werden.

Mit jedem Kritikpunkt, den die AfD aufgriff und bei dem sie Rücknahme oder Änderungen dieser oder jener Maßnahmen forderte, drängte sie die konservativen Parteien dazu, auf Kurs zu bleiben. Denn jede Rücknahme, jeden Kurswechsel der etablierten Parteien hätte sich die AfD auf die Fahnen geschrieben, weil sie das ja zu diesem Zeitpunkt schon längst gefordert hatten.

Da die Regierungsparteien die AfD von Anfang an als nicht demokratische Partei diskreditierten und sich eben nicht mit den Inhalten der AfD auseinandersetzten, wäre selbst die objektiv beste Lösung der Krise, wenn sie aus dem Mund der AfD gekommen wäre, für die Regierungsparteien keine Option. Sie würden diesen Weg ablehnen, einfach deshalb, weil er von der AfD käme. Die Regierungsparteien hatten sich damit selbst ein Bein gestellt. Ich gehe davon aus, dass sie hier nicht zu Ende gedacht hatten.

Daran kann man sehr deutlich die wechselseitigen Beziehungen der Parteien untereinander erkennen und in welche Einbahnstraßen sich die Politik manchmal treiben lässt.

Letztendlich bin ich mir sehr sicher: Würden alle Parteien nur einmal an die Bürger und nicht an den nächsten Wahltermin denken, dann wäre so manches in dieser Pandemie besser gelaufen, dann würde insgesamt in Deutschland so manches für uns besser laufen. Hätten alle legitimierten Parteien wirklich nur das Wohl der Bürger im Blick, dann würde ich erwarten, dass man über Parteigrenzen hinweg nach Lösungen sucht und diese auch findet. Das muss ein fortschrittliches Land wie Deutschland auch leisten können. So entsteht bei den Bürgern der Eindruck, dass Parteien die Vorschläge der anderen Parteien nur deshalb ablehnen, weil es nicht die eigenen Vorschläge sind. Und damit entsteht eine sichtbare Missgunst, die weiter zu einer politischen Frustration der Bürger führen wird.

Twitter, soziale Medien und der Umgang damit
Im Februar 2020 meldete ich mich auf Twitter an. Besser gesagt, mein ältester Sohn machte das für mich, denn ich hatte keine Ahnung davon. Dabei warnte er mich vor diesem Haifischbecken. Er sollte recht behalten.

Twitter ist auf der einen Seite eine wunderbare Plattform, um sich mal kurz und knackig mitzuteilen. Es ist schwer möglich, mit etwa 240 Zeichen nicht angreifbare Posts zu erstellen. Für eine ausführliche Erklärung reicht die Zeichenanzahl nicht aus. Klar, man kann mehrere Posts zu einem Thema machen, die sogenannten Threads. Dennoch ist es schwer, seine Kernaussage auf diese Weise deutlich zu kommunizieren.

Nun hatte ich also meinen Twitteraccount und setzte die ersten Posts ab, aber wenig passierte. Gelegentlich ein Like, immer wieder kam ein neuer Follower dazu. Als ich die ersten zehn Follower hatte, freute ich mich sehr.

Twitter ist wirklich anstrengend. Wer zartbesaitet ist, sollte auf jeden Fall die Finger davon lassen. Je mehr man schreibt, umso mehr Antworten kommen zurück. Irgendwie auch logisch. Doch nicht immer sind diese Antworten oder Reaktionen auf die Posts schön, freundlich oder gar nett. Beschimpfungen, Beleidigungen und Herabsetzungen sind auf Twitter an der Tagesordnung. Das kennt jeder, der auf Twitter aktiv ist. Mir ist heute noch völlig unverständlich, warum mich Menschen als »Mengele«, »Nazi« oder »psychisch krank« bezeichneten. Klar, geschätzte 95 Prozent aller Twitterer schreiben unter Pseudonymen, sind also anonym. Da lässt es sich natürlich leichter beleidigen und schimpfen. Im schlimmsten Falle wird der Post gelöscht, und man wird für eine gewisse Zeit gesperrt. Manche Übeltäter verlieren auch dauerhaft ihren Account. Nach welchen Regeln dies geschieht, weiß ich nicht.

Was ich allerdings mit großem Interesse verfolgte, war die Diskussionskultur. Die wenigsten hatten ein ehrliches Interesse an einer fachlichen Diskussion, viele wollten einfach nur pöbeln und Stimmung machen, vielleicht sogar einschüchtern. Immer wieder tauchten die gleichen User auf und versuchten, mich mit harschen Worten einzuschüchtern. Wer sich bereits näher mit Rhetorik beschäftigt hat, kennt die zentralen Punkte für eine faire Diskussion. Auf Twitter wird sehr viel mit Beschimpfungen, Unverschämtheiten, Angriffen auf die Autorität oder Kritik an Sprache und Text reagiert. Sehr häufig konnte ich den Satz, »Sie sind doch sicher kein Arzt«, lesen, weil ich beispielsweise gegen eine Maskenpflicht für Kinder schrieb. Sehr interessant fand ich auch immer wieder die Frage, »Wo ist die Studie dazu«, wenn ich was postete und dabei eigene Überlegungen anstellte. Ich finde das insofern erwähnenswert, weil vor Corona die wenigsten etwas über Epidemiologie oder Hygiene wissen, geschweige denn Studien darüber lesen wollten oder gar konnten. Studien sind nicht einfach zu verstehen, und man braucht schon ein wenig Erfahrung, um die Qualität einer Studie einordnen zu können. Namhafte Experten, die ebenfalls auf Twitter unterwegs sind, wurden von Nichtfachleuten sowohl auf der persönlichen als auch auf der fachlichen Ebene unverhältnismäßig scharf angegriffen. Natürlich hat jeder das Recht, frei seine Meinung zu äußern. Muss das aber gleich beleidigend sein? Und warum wird ein absoluter Fachexperte von einem Nichtfachmann mit »Das kannst du besser« gerügt?

Wenn dann in der Diskussion Studien geliefert wurden, erkannten die sogenannten Twitter-Experten diese nicht an. So einfach war das. Viele selbst ernannte Experten machen auf Twitter Stimmung und sind sicher nicht am fachlichen Gespräch interessiert.

Besondere Sorge bereitet mir das sogenannte Doxxing. Dieser Begriff beschreibt, dass personenbezogene Daten aus zahlreichen Internetquellen zusammengetragen und dann gesammelt im Netz veröffentlicht werden. Die einzelnen Beiträge sind meist frei verfügbar. Durch die Bündelung und mit einem bestimmten Kontext verbunden, können diese Informationen großen Schaden anrichten. Das Motiv, jemanden zu doxxen, ist relativ einfach: Es soll ein Schaden entstehen, und die gedoxxte Person soll eingeschüchtert werden.

Bei mir wurde das natürlich auch versucht. Zahlreiche Zeitungsartikel wurden zusammengetragen und gebündelt im Netz veröffentlicht. Dabei wurde man nicht müde zu erwähnen, dass ich gelernter Automechaniker sei. Nun, das entspricht auch vollkommen der Wahrheit. Ich habe mit 15 Jahren eine Lehre als Kfz-Mechaniker begonnen und auch abgeschlossen. Warum sollte ich mich dafür schämen? Ganz im Gegenteil. Ich habe meine Wurzeln noch keinen einzigen Tag vergessen, und ich bin dankbar, einen handwerklichen Beruf erlernt zu haben. Der Beruf des Kfz-Mechanikers ist nun wirklich nicht ehrenrührig.

Twitter ist also ganz sicher nicht für den wissenschaftlichen Austausch gedacht und auch nicht dafür gemacht. Bestimmt haben aber viele Soziologen oder Psychologen hier eine wahre Fundgrube für ihr Fach. Nach über einem Jahr auf Twitter kann ich aber die Forderung von Klarnamen bei Usern sehr gut nachvollziehen. Das gilt im Übrigen auch für Bewertungsportale und anderes. Wer in der Anonymität bleiben kann, der beleidigt und diskreditiert viel schneller und leichter. Die Gefahr, erkannt zu werden, ist dabei minimal. Ich persönlich finde es wichtig, dass man eine Meinung hat. Und diese kann und soll man auch mit offenem Visier teilen. Wer anderer Meinung ist, hat das Recht, diese ebenfalls zu sagen. Aber bitte dann ebenfalls ungeschützt und nicht versteckt hinter Fantasienamen und Comicfiguren als Profilbild.

Das Positive an Twitter ist aber, dass man wirklich tagesaktuell informiert ist. Regelmäßig gingen die aktuellsten Nachrichten über Corona, Zahlen und Maßnahmen ein und wurden gleich fleißig diskutiert. Als tagesaktuelle Informationsquelle ist Twitter sicher gut geeignet. Die Bewertung dieser Information muss man allerdings dringend alleine machen.

Zudem sollte man sich auch noch Folgendes bewusst machen: Twitter ist nicht das wahre Leben. Twitter ist, wie andere soziale Medien auch, eine Blase. Viele Diskussionen dort spielen im echten Leben keine Rolle.

Zerrissene Gesellschaft

Die beiden Lager in der Coronakrise trennt vieles; sie haben eine komplett unterschiedliche Sichtweise auf ein und dasselbe Thema. Es ist wie der Blick auf ein Buch, das vorne bedruckt ist und hinten leer. Eine Gruppe sieht das Buch von vorne, die andere blickt auf dasselbe Buch, jedoch auf die Rückseite. Diese ist tatsächlich nicht beschriftet. Sie sehen also das gleiche Buch und können sich nun zerfleischen, indem diejenigen, die auf die Vorderseite blicken, darauf beharren, dass das Buch beschriftet ist, und gleichzeitig diejenigen, die nur die Rückseite sehen, insistieren, dass dieses Buch eben nicht beschriftet ist. Beide haben recht! Und doch kommen sie nicht zusammen.

Eines aber eint die zerrissene Gesellschaft: Beide – Befürworter der Coronamaßnahmen und deren Kritiker – haben Angst. Die einen haben Angst vor einer Ansteckung, die anderen vor den Folgen der Maßnahmen. Todesangst trifft auf Zukunftsangst. Dass Angst kein guter Berater ist, ist bekannt. Angst und Panik schalten das rationale Denken aus. Der Körper wird auf Kampf oder Flucht vorbereitet und steht unter Stress. Dauerstress wiederum macht krank. Das Immunsystem fährt herunter. Der Mensch wird anfälliger für Infekte. Gerade in den Wintermonaten.

Wenig Sonne, Kontaktsperren, kein Sport, Maskentragen und übertriebenes Nutzen von Desinfektionsmitteln tun ihr Übriges. Der Körper trainiert sein Immunsystem nicht mehr, indem er künstlich Viren und Bakterien meidet und auszuschalten versucht. Weniger Bewegung, Angst, Sorge, Stress – all das kann ein Mensch eine Zeit lang aushalten. Die Frage ist: wie lange? Mit welchen Folgen?

Diese Krise ist die größte Herausforderung für die Nachkriegsgeneration, die ein weitgehend sorgloses Leben führte, die keine Existenzängste kannte und alles im Überfluss hatte. Nun schlägt die Pandemie voll zu. Ehen werden geschieden, Freundschaften zerbrechen. Keine Unterhaltung, die nicht spätestens nach drei Minuten bei diesem Thema landet. Es ist omnipräsent, greift in jeden Lebensbereich und hat Auswirkungen auf alles, was uns Menschen als soziale Wesen ausmacht.

Spätestens an dieser Stelle stellt sich die Frage der Kollateralschäden. Die Folgen für Familien, Kinder, Senioren und die Wirtschaft sind schwer zu greifen, werden aber Monat für Monat sichtbarer. Diese Folgen den Todesopfern und Erkrankten gegenüberzustellen, wird zu einer ethischen Frage, die heikel ist und schnell im emotionalen Bereich landet. Unmenschlichkeit, Asozialität, Egoismus und fehlende Empathie scheinen dann plötzlich Zusammenhalt, Altruismus und Gemeinschaftsgeist gegenüberzustehen.

Die unversöhnlichen Lager bleiben gespalten und zerrissen, und sie werden das auf lange Zeit sein.

Konsequente Panikmache
Während meiner Tätigkeit am Gesundheitsamt konnte ich die negativen Auswirkungen der Maßnahmen beziehungsweise des Lockdowns deutlich sehen.

Immer mehr Menschen, die bereits in einer sozialen Schieflage waren, meldeten sich bei uns. Aufgrund der vielen Restriktionen fielen diese Menschen völlig aus dem System.

Suchtabhängige bekamen plötzlich keine Termine in ihren Beratungsstellen, Obdachlose gingen aus Angst vor einer Ansteckung nicht mehr in ihre Unterkünfte, sondern blieben lieber in der Kälte im Freien. In den Asylheimen ging die Angst vor Ansteckungen um, und im Gegenzug hatten die Einwohner Angst, sich bei den Asylsuchenden anzustecken.

Als die Zahl der Positivmeldungen zunahm, wurde die Bitte an das Gesundheitsamt gerichtet, dass wir für die Öffentlichkeit eine Landkreiskarte mit den Zahlen der »Erkrankten« in den jeweiligen Gemeinden erstellen sollten. Als ich nach dem Grund fragte, bekam ich die Antwort, dass »man« dann einen besseren Überblick hätte über diejenigen, die »krank« seien. Dahinter steckte vermutlich ein ganz anderer Wunsch. Ich denke, dass die anfragenden Bürger und Organisationen einen besseren Überblick im Landkreis haben wollten, damit sie die Gefahr der positiven Fälle einschätzen und diese vielleicht sogar überwachen konnten. Das war aber falsch gedacht, denn die positiven Fälle wurden ja sowieso in Quarantäne geschickt und nahmen nicht mehr am öffentlichen Leben teil.

Eltern mit wenig Einkommen kamen an ihre Grenzen, denn viele mussten in Kurzarbeit gehen und verdienten damit noch weniger, während aber andererseits nun die Kinder Computer und Laptops brauchten, um nicht vom Homeschooling völlig abgeschnitten zu werden. Eltern berichteten mir, dass ihre Kinder nun die Smartphones der Eltern benutzten, um daran teilnehmen zu können. In manchen Regionen waren die Netzverbindungen so schlecht, dass Kinder am Onlineunterricht nicht teilnehmen konnten. Das führte natürlich wieder zu einer weiteren Unzufriedenheit.

Andere Eltern verloren ihre Nebenjobs, mit denen sie sich bisher über Wasser gehalten hatten oder mit deren Einnahmen sie sich Sonderausgaben für ihre Kinder wie Schuhe oder Jacken leisten konnten. Sie dürfen mir ruhig glauben: Wenn man mehrere solcher Gespräche führt, dann hat man irgendwann einen weiteren Blick auf die Pandemie. Als Arzt sah ich natürlich die Erkrankten, ich sah die Meldungen über die Verstorbenen, mit befreundeten Ärzten in den Kliniken tauschte ich mich über die Situation der Intensivstationen aus. Manche berichteten von Überlastung, andere ordneten COVID als durchschnittliche respiratorische Infektionserkrankung auf der Intensivstation ein. Nur im Gesundheitsamt sah ich auch sehr deutlich die Auswirkungen der Maßnahmen auf die Gesamtbevölkerung.

Studenten mussten wieder nach Hause ziehen, weil sie sich ohne Nebenjob die Studentenbude nicht mehr leisten konnten. Allerdings besitzt nicht jede Familie ein Haus mit frei zur Verfügung stehenden Zimmern. Und so mussten Zwanzigjährige sich wieder ihr Jugendzimmer mit einem Geschwisterkind teilen. Klar, alles machbar, aber der zwanzigjährige Student hat keine Präsenz an der Uni, sondern Onlineseminare, gleichzeitig hat das Geschwisterkind Homeschooling. Man kann sich nun sehr leicht vorstellen, dass es in beengten Wohnsituationen zu Spannungen kommen kann.

Zudem nahmen immer mehr Eltern mit mir Kontakt auf und baten um eine Schulbefreiung oder ein Maskenattest. Es hieß, die Kinder würden durch das Tragen der Masken beeinträchtigt, andere hätten wiederum Angst, in die Schule zu gehen, weil sie sich dort anstecken könnten oder weil sie nicht für den Tod von Oma und Opa verantwortlich sein wollten. Eltern berichteten, dass ihre Kinder unter Schlafstörungen litten, einige beobachteten Verhaltensauffälligkeiten.

Hier hatte die Politik mit ihrer konsequenten Panikmache auf ganzer Linie ihr Ziel erreicht. Erstaunlich fand ich allerdings, dass sowohl Pädagogen als auch Schulpsychologen diese Probleme nicht erkannten. In meiner Eigenschaft als Amtsleiter habe ich mit vielen Schuldirektoren und Psychologen gesprochen, denn ich wollte die mir geschilderten Eindrücke hinterfragen. Immer wieder wurde mir dabei versichert, dass Kinder das Tragen von Masken, das Abstandhalten und andere Maßnahmen problemlos verarbeiten würden. Ein Experte erklärte sogar, dass das für Kinder wie ein dauerhafter Fasching mit Verkleidung sei. Vielmehr seien es die Eltern, die mit ihrer negativen Einstellung den Maßnahmen gegenüber ihre Kinder instrumentalisierten. Insgesamt hätten Kinder keine großen Probleme damit. Die Eltern müssten das Ganze lediglich positiv vorleben.

Diese Pädagogen und Psychologen konnte und kann ich nicht verstehen. Für mich steht völlig außer Frage, dass die oben beschriebenen Maßnahmen gravierende, negative Auswirkungen auf unsere Kinder haben werden. Dauerhafter Abstand, Maskentragen und immer wieder das Thematisieren von

Schuld und Erkrankung in Bezug auf COVID kann für Kinder sicher nicht gut sein. Zweifellos ist die Kindheit eine prägende Phase. Wenn nun Kinder in einem Klima der Überfürsorge, der Angst, der sozialen Distanz und eines Schuldgefühls aufwachsen, dann hat das sicher Folgen für ihr späteres Leben.

Immer wieder fragte ich mich, was mit manchen Lehrkräften los war. Kinder sollten während des Sports Masken tragen. Während des Unterrichts und trotz Masken wurden die Räume teilweise dauergelüftet, sodass die Kinder und Lehrkräfte mit Jacken und Mützen Unterricht hatten. In den Pausen mussten Kinder auf ihren Plätzen sitzen bleiben und durften nicht in den Pausenhof, um sich zu bewegen. Was war hier nur passiert? Wo waren die Sportlehrkräfte, die den Kindern zeigten, wie wichtig Bewegung ist? Wo waren die Biologielehrer, die eine realistische Einschätzung eines respiratorischen Virus lehrten und auch aufzeigten, wie gut das Immunsystem des menschlichen Körpers funktioniert? Wo waren die Ethik- und Sozialkundelehrer, die über Demokratie und Kritik unterrichteten? Es schien, als waren sie nicht mehr anwesend.

Neben den Kindern beschäftigte mich auch die Situation der älteren Menschen sehr. Langjährige Ehepaare, von denen ein Teil in einem Heim lebte, konnten sich teilweise nicht mehr voneinander verabschieden. Ehepartner starben einsam, weil Besuch nicht erlaubt war. Eine schreckliche Vorstellung. Zwei Menschen finden sich, verbringen ihr Leben miteinander, und in der letzten Stunde auf dieser Erde kann der Partner nicht tröstend die Hand seines Liebsten halten. Sie dürfen mir glauben, dass solche Geschichten von Hinterbliebenen nicht spurlos an mir vorbeigegangen sind.

Ebenfalls tragisch waren Fälle, in denen ältere Eheleute sich zu Hause noch selbst, allerdings mit Unterstützung eines Pflegedienstes versorgten. Immer wieder kam es vor, dass beide

Partner positiv getestet wurden. Obwohl viele ohne Symptome waren, wollte der Pflegedienst aus Angst vor einer Ansteckung nicht mehr ins Haus kommen. Diese Menschen waren plötzlich auf sich allein gestellt und auf andere Hilfe angewiesen. Die Reaktion vieler: Sie riefen beim Gesundheitsamt an. Fragen wie zum Beispiel danach, wer nun einkauft, Medikamente besorgt und den pflegebedürftigen Partner versorgt, mussten beantwortet werden. Probleme, die auch das Gesundheitsamt nicht lösen konnte.

Und nach all diesen Gesprächen und eigenen Erlebnissen sollte ich als Verantwortlicher keine Kritik an den Maßnahmen üben dürfen? Das wäre ziemlich grotesk.

Aber egal, wer nun genau diese Fragen aufgriff und mit den Maßnahmen in Verbindung brachte, wer Fragen stellte, galt bereits als Kritiker. Denn das oberste Ziel war ja, alle vor einer Ansteckung zu schützen. Damit hatte man ein hehres Ziel geschaffen, leider völlig unrealistisch und auf Kosten anderer.

Umgang mit Maßnahmenkritikern
Von Beginn an war es im privaten und beruflichen Umfeld schwierig, eine abweichende, kritische Meinung rund um das Thema Corona zu vertreten. Wer den Mut hatte, politische Maßnahmen in der Familie oder am Arbeitsplatz infrage zu stellen, stieß schnell auf Unverständnis.

Als am 27. Januar 2020 die erste Erkrankung in Deutschland aus dem Landkreis Starnberg in allen großen Medien vermeldet wurde, hielt sich die Angst in der Bevölkerung noch in Grenzen.

Mit der Absage von ersten Großveranstaltungen wie der Leipziger Buchmesse Anfang März und dem Herunterfahren des öffentlichen Lebens wuchs jedoch langsam die Sorge in der breiten Masse.

Die WHO rief am 11. März eine Pandemie aus, und Bundeskanzlerin Angela Merkel warnte vor einer Überlastung des Gesundheitssystems.

In Bayern wurden dennoch am 15. März Kommunalwahlen abgehalten. Tags darauf schlossen in den meisten Bundesländern die Schulen und Kitas. Es fanden verschärfte Grenzkontrollen statt, und Einreiseverbote wurden in Kraft gesetzt.

Spätestens ab diesem Zeitpunkt wurde der Bevölkerung mulmig zumute, und die täglich präsentierten weltweiten Ansteckungszahlen und Todesfälle bereiteten den Menschen Sorge und Angst. Im April 2020 wurden dann die ersten Kontaktbeschränkungen verhängt.

Einigen Menschen gingen aber diese in der jüngeren deutschen Geschichte nie da gewesenen Eingriffe in die Freiheitsrechte zu weit. Doch schnell stießen diese sich auf das Grundgesetz berufenden Kritiker auf Widerstand.

Auch ich hatte bereits zu Beginn der ersten Eingriffe erhebliche Bedenken, die ich auch immer wieder in Besprechungen mit Vorgesetzten oder im Zusammenhang mit anderen Besprechungen vortrug. Es kam mir einfach nicht richtig vor, dass gesunde Menschen in Quarantäne mussten und darüber hinaus ihre Kontaktpersonen. Noch nie in meiner gesamten medizinischen Ausbildung habe ich Laborbefunde behandelt, ohne den dazugehörigen Patienten untersucht zu haben. Immer stand der Mensch im Vordergrund. War bei einer routinemäßigen Laborkontrolle mal ein Wert auffällig, dann wurde natürlich näher hingeschaut und beobachtet. Aber der Mensch stand mit seinen Beschwerden oder eben mit seinen »Nichtbeschwerden« im Vordergrund.

Nun sollte das plötzlich alles anders sein? Nun wurden plötzlich einschneidende Maßnahmen für die gesamte Bevölkerung ergriffen, obwohl der überwiegende Teil der Personen, die tatsächlich an COVID erkrankt waren, nur Symptome zeigten, die nicht über die einer normalen Erkältung hinausgingen.

Aber der Großteil der Deutschen war überzeugt von den Maßnahmen, und eine Diskussion schien bereits in diesem frühen Stadium der Pandemie nicht mehr möglich.

Was schon im kleinen privaten Rahmen der Fall war, zeigte sich gleichermaßen auf der großen Weltbühne. Hochrangige Wissenschaftler und erfahrene Mediziner wie John Ioannidis (Professor für Medizin und Epidemiologie an der Stanford-Universität), Sucharit Bhakdi (Facharzt für Mikrobiologie und Infektionsepidemiologie) oder Wolfgang Wodarg (Lungenarzt und Gesundheitsexperte) wurden öffentlich als vermeintliche Experten, Besserwisser und Coronaleugner oder Meinungsmacher in den deutschen Medien betitelt. Ihre Argumente, das Virus nicht zu dramatisieren, und keine Panik zu verbreiten, wurden durch sogenannte Faktenchecker zerrissen.

Ich wurde ebenfalls immer wieder von meinen Vorgesetzten ermahnt, mich mehr an der Strategie der Bayerischen Staatsregierung zu orientieren. Keiner meiner fachlichen Einwände wurde gehört. Relativ schnell gab man mir zu erkennen, dass eine abweichende Meinung von einem Beamten in Leitungsfunktion nicht gewünscht sei. Außerdem hätte ich auch eine Vorbildfunktion als Person des Öffentlichen Lebens, und die Bevölkerung dürfe keinesfalls verunsichert werden. Meiner Meinung nach war damit aber nur die Verunsicherung gemeint, die entstehen könnte, wenn ein Gesundheitsamtsleiter unerwartet eine andere Auffassung als die Bayerische Staatsregierung vertrat.

Dabei kritisierte ich zunächst nur die Zählweise der an und mit COVID Verstorbenen und die täglichen »Fallzahlen«. Am Anfang der Pandemie wurde ja nur von Kranken berichtet, was nicht richtig war. Die positiven Meldezahlen wurden aufsummiert, und damit entstand ein völlig schiefes Bild von Anfang an.

Doch nicht nur im öffentlichen Leben stehende Personen erlebten diese Reaktionen. Dasselbe Verhaltensmuster spielte sich am Arbeitsplatz, in Familien und Nachbarschaften ab. Wer die politischen Maßnahmen, die mediale Berichterstattung und die daraus resultierende immer größer werdende Angst einzuordnen versuchte, wurde angefeindet. Ohne auf ihre Argumente einzugehen, wurden Kritiker als Aluhutträger, Schwurbler, Covidioten, Verschwörungstheoretiker, sogar als Rechte beleidigt. Eine seriöse Aufklärungsarbeit schien nicht einmal mehr von Ärzten und anderen Wissenschaftlern möglich.

So wurde auch ich unter anderem von Kollegen angefeindet. Mantraartig erklärte man mir, wie gefährlich dieses Virus sei.

Ich kann mich noch sehr genau an ein Telefonat mit einem niedergelassenen Kollegen erinnern, der mich einen »totalen Psychopathen« nannte, weil ich nicht seine Praxis sperren und alle Mitarbeiter sowie Patienten in Quarantäne schicken wollte. Hintergrund war, dass sich in seiner Praxis eine Patientin für etwa fünf Minuten aufgehalten hatte, um ein Rezept abzuholen. Dabei hatte sie keinen längeren oder direkten Kontakt zu anderen Personen. Lediglich die Arzthelferin an der Anmeldung händigte ihr das Rezept aus. Dabei trug sie eine medizinische Maske. Einen Tag später wurde die Patientin positiv getestet. Sie war Kontaktperson eines anderen Falles und hatte zudem keine Symptome.

Ich sah keinen Grund, diese Praxis zu schließen und alle Mitarbeiter in Quarantäne zu stecken. Der Kollege konnte meine Entscheidung nicht nachvollziehen und nahm mir diese sehr übel. Zum Abschluss des Gesprächs warf er mir an den Kopf, dass er mich für jeden Toten, den es aufgrund meiner Entscheidung zu beklagen geben würde, persönlich verantwortlich machen werde. Ein Infektionsausbruch ist natürlich nicht aus diesem Vorfall entstanden.

Spätestens in der sogenannten zweiten Coronawelle im Herbst 2020 waren die Fronten zwischen Befürwortern und Kritikern der immer strengeren Maßnahmen so verhärtet, dass ein normaler Diskurs nicht mehr möglich war.

Die Gesellschaft erlebte eine enorme Spaltung, einen Riss. Es wurde gefährlich, eine von der herrschenden Meinung abweichende Sichtweise zu haben und diese vor allem öffentlich zu vertreten. Demonstranten gegen die Coronaregeln wurden als »Covidioten« bezeichnet und damit herabgesetzt. Auch wenn die Staatsanwaltschaft Berlin Hunderte von Strafanzeigen gegen die Begriffsschöpferin Saskia Esken wegen Beleidigung eingestellt und dieses Wort nicht als solche angesehen hat, so implizierte der Begriff doch, dass man als Kritiker ein Idiot sei.

Mit dieser Diffamierung sollte eine ernsthafte Diskussion bereits im Keim erstickt werden. Bestimmte Argumente wurden gar nicht mehr ernst genommen, weil sie von einer bestimmten Personengruppe kamen. Die Spaltung blieb bestehen, zwei unversöhnliche Lager waren die Folge – Coronamaßnahmenkritiker auf der einen und -befürworter auf der anderen Seite.

Es zeigt sich eine gefährliche Entwicklung, wenn der Dialog zunehmend schwer bis unmöglich wird. Eine Gefahr für unsere Demokratie wird es, wenn der Austausch zwischen Menschen nicht mehr stattfindet. Eine Demokratie, deren Herzschlag die freie Meinungsäußerung ist, kann nicht funktionieren, wenn ein Kritiker als Staatsfeind gilt.

Corona veränderte unser Miteinander. Schnell handelte es sich nicht mehr nur um ein Virus, vor dem Risikogruppen geschützt werden sollten. Durch die Pandemie kamen auch Kinder ungewollt mit Methoden des Misstrauens und der Denunziation in Kontakt. Die meisten hielten sich an die ihnen auferlegten Maßnahmen in der Schule, einige verpetzten Schulfreunde bei Fehlverhalten, denn die Lehrkraft hatte das Petzen plötzlich als unerlässliche Maßnahme gegen Corona ausgegeben.

Trotz der frühen Erkenntnis, dass Infektionen nur selten von Kindern ausgehen, standen sie gesellschaftlich unter Generalverdacht, den Tod anderer zu verschulden. Das Gefühl, ein Risiko für andere oder gar verantwortlich dafür zu sein, dass jemand anderes schwer krank wird oder gar stirbt, war eine schwere Last für Kinder. Psychische Folgen und Traumata sind derzeit immer noch nicht auszuschließen. Bereits die Kleinsten gerieten in Dispute, in denen es um Corona ging. Kinder, die vor der Pandemie sorglos miteinander gespielt hatten, wurden zu Instrumenten ihrer Eltern und maßregelten Freunde, die ihrer Ansicht nach zu locker mit dem Thema umgingen. In Schulen wurden Kameraden verpetzt, die die Maske nicht richtig trugen oder den Abstand nicht einhielten. So berichteten mir Mütter von weinenden und verunsicherten Kindern, die Angst vor Rügen von Lehrern hatten. Sie stießen Gleichaltrige von sich weg, wenn diese zu nah an sie herantraten, aus Sorge, der Lehrer könnte meinen, sie seien es, die sich nicht an die Vorschriften hielten.

Um es schlussendlich noch einmal klar zu sagen, ich habe nie Corona als Virus oder COVID als Krankheit geleugnet. Ich war zu keiner Zeit Anhänger der AfD, der Reichsbürger oder einer anderen, wundersamen Vereinigung.

Aber nun muss ich mitansehen, wie die Grundpfeiler unserer Demokratie aus dem Boden gerissen und den unsinnigen Zahleninterpretationen einiger Experten geopfert werden.

Jeder Einzelne von uns musste in den vergangenen eineinhalb Jahren viel aufgeben. Viele von uns haben viel verloren, auch durch Corona. Aber auch durch die Maßnahmen. Angesichts der massiven Einschränkungen und des doch überschaubaren Risikos, an dieser Erkrankung zu versterben, ist es schon deshalb aus demokratischer Sicht dringend geboten, über einen Strategiewechsel nachzudenken.

Es wird aber sicher Jahre dauern, bis die Zerrissenheit der Gesellschaft überwunden wird. Vor allem die führende Politik hat hier entscheidende Verantwortung an dieser Situation. Insofern ist sie nun auch in der Pflicht, die Gesellschaft wieder zusammenzuführen. Allerdings erscheint mir das in der aktuellen Situation mit der Debatte um Testpflicht, Impfpflicht, Urlaubsverbot in einige Länder und der Diskussion über eine Reisefreiheit mittels Impfpass in weite Ferne gerückt.

12. 25 Narrative, die Sie hinterfragen sollten

Politiker sind selten aus dem Fachgebiet, in dem sie Minister sind. Deshalb ist es völlig legitim und wichtig, wenn sogenannte Berater gerufen werden. Problematisch könnte allerdings hier ein zunehmendes Abhängigkeitsverhältnis sein. Denn wer würde nicht mal gerne die Kanzlerin oder einen Ministerpräsidenten beraten. Spätestens dann, wenn der Politprofi auf den Berater hört, wird die meisten Berater eine Woge der Macht begleiten, die sie nur noch ungern aufgeben möchten. Im Übrigen werden auch etwaige Fehleinschätzungen ungern revidiert, denn der Vertrauensverlust des Politikers zum Berater könnte enorm sein.

Im Laufe der Pandemie traf die Politik viele Entscheidungen. Es ist auch völlig klar, dass Entscheidungen getroffen werden mussten. Die Bevölkerung hätte ein Nichtstun der Politik nicht verstanden, und ich unterstelle auch den meisten Politikern, dass sie ihre Arbeit sehr ernst nehmen und die Bevölkerung tatsächlich schützen möchten. Allerdings geben viele Politiker dabei ein schlechtes Bild ab. Sie wirken oft hilflos und ergreifen dann reflexartig Maßnahmen. Man darf nicht vergessen, Politiker sind auf Zeit gewählt. Ihr Ziel ist es, wiedergewählt zu werden.

So kann es kaum verwundern, dass die Begründungen für sämtliche Maßnahmen, vor allem für die aufeinanderfolgenden und immer wieder verlängerten Lockdowns, zu keiner Zeit evidenzbasiert waren, sprich die Politiker hatten mehr Vermutungen als tatsächlich wissenschaftliche Belege.

So entstand ein Klima, in dem Narrative wie Weizen in der Sonne gediehen. Narrative, also sinnstiftende Erzählungen, gehören zu den didaktischen Mitteln in der Kindererziehung, aber auch in der Erwachsenenbildung. Diese Geschichten sollen den Zusammenhalt einer Gruppe und die Motivation steigern. Vor allem innerhalb sozialer Strukturen wie beispielsweise Teams sorgen Narrative für Zugehörigkeit.

Leider können Narrative aber auch genau das Gegenteil bewirken. Sie können spalten, ausgrenzen und sogar zerstören. Alles hängt davon ab, wie diese Geschichten eingesetzt und transportiert werden. Im Fall der Pandemie um Corona wurden einige Narrative erzählt. Sie sollten Wissen vermitteln, wo eigentlich noch kein abschließendes Wissen vorlag. Die Menschen sollten aber daran glauben, und entsprechend wurden diese Narrative erzählt, transportiert und immer wieder wiederholt.

Im Folgenden kommentiere ich die 25 wichtigsten Narrative in der Diskussion über COVID, die Pandemie und die damit im Zusammenhang stehenden Maßnahmen.

Narrativ 1: SARS-CoV-2 ist ein völlig neuer Erreger

Das ist so nicht ganz korrekt. Wäre SARS-CoV-2 ein völlig neuer Erreger, und würde er auf eine völlig immuninkompetente Bevölkerung treffen, dann wären die Auswirkungen viel dramatischer. Es muss zumindest eine gewisse Kreuzimmunität gegeben haben.

SARS-CoV-2 gehört zur Familie der Coronaviren und ist schon deshalb kein neuartiges Virus.

Bereits bekannte Coronaviren kursieren seit vielen Jahren unter uns und sind endemisch geworden. In jeder Erkältungssaison führen diese »alten« Coronaviren zu Infekten mit Fieber und den typischen Erkältungssymptomen. Es ist also durchaus plausibel und vorstellbar, dass das Immunsystem eines Menschen, welches bereits Kontakt mit bisherigen Coronaviren hatte, auch Teile des neuen Coronavirus erkennen wird und damit zumindest eine Teilimmunität herstellen kann.

Die Wahrheit ist allerdings auch, dass wir noch sehr wenig darüber wissen und dass hier dringend mehr geforscht und Daten erhoben werden müssen.

Sicher ist aber, dass wir bereits andere Coronaviren kennen und diese in der Bevölkerung seit Langem zirkulieren.

Narrativ 2: **In dieser Pandemie haben wir es mit exponentiellem Wachstum zu tun**
Ich bin kein Mathematiker und zugegeben, exponentielles Wachstum ist für die meisten sehr schwer zu verstehen. Wir denken gerne linear, weil es einfacher ist. Und es ist gerne vorstellbar, dass die Zahl der positiven Fälle eine gewisse Zeit exponentiell gestiegen ist. Andere wiederum sprechen von der sogenannten Gompertz-Funktion anstatt von einer e-Funktion und möchten damit aufzeigen, dass in jeder Pandemie ein Sättigungsgrad an Infizierten eintreten wird, weshalb die Anzahl der Infizierten nicht mehr weiter steigen würde.

Was aber insgesamt bei der ganzen Diskussion über exponentielles Wachstum völlig vergessen wurde, war, dass sich auch die Testzahlen deutlich erhöhten, zwischen Frühjahr 2020 und November 2020 um etwa das Fünffache. Nach Einführung der sogenannten Schnelltests haben sich die Testzahlen noch einmal deutlich erhöht. Die Erhöhung der Testzahlen wurde natürlich nicht vermeldet. Aufgrund der erhöhten Testzahlen kamen die Labore immer wieder an ihre Leistungsgrenzen, weshalb Testergebnisse erheblich verspätet gemeldet wurden. Insofern war immer unklar, zu welchem Zeitpunkt genau eine Zunahme an Fällen stattfand.

Leider gibt es bislang immer noch keine verlässlichen Zahlen über Erkrankte. »Erkrankt sein« bedeutet immer mit Symptomen und Beschwerden. Doch diese elementar wichtige Differenzierung wurde niemals bei der Veröffentlichung der sogenannten »Neuinfektionen« vorgenommen. Diese Differenzierung mit den typischen Symptomen von Husten, Schnupfen, Fieber, Durchfall, Halsschmerzen und Geschmacksverlust spielte bei den täglich vermeldeten Fallzahlen keine Rolle. Das RKI vermeldet lediglich die Anzahl derer, die positiv getestet wurden. Über die Zunahme der wirklich Erkrankten gibt es keine validen Zahlen.

Narrativ 3: **Auch wer keine Symptome hat, ist ansteckend**
Dieses Narrativ versetzte die Bevölkerung in den Zustand der Angst. Plötzlich hätte jede Begegnung mit einem anderen Menschen mit einer Ansteckung enden können. Vor Corona waren die Dinge klar: Wer hustete und schnupfte, der war krank. So jemanden wollte man nicht küssen.

Doch woher kam eigentlich dieses Narrativ der asymptomatischen Übertragung?

Diese Behauptung begann mit einem Fallbericht aus einer renommierten Fachzeitschrift, dem *New England Journal of Medicine* vom 5. März 2020 (*NEJM* 382;10). Darin wurde behauptet, dass eine symptomlose chinesische Geschäftsfrau in München vier Mitarbeiter eines Unternehmens getroffen hatte, und diese Mitarbeiter hinterher alle an COVID-19 erkrankten. Angeblich sei diese Frau dann in Wuhan positiv auf SARS-CoV-2 getestet worden. Damit war der »wissenschaftliche« Beweis erbracht, dass auch symptomlose Menschen ansteckend sein könnten.

Es stellte sich aber bei genauerer Recherche heraus, dass die Chinesin sehr wohl Symptome aufwies, diese aber mit Medikamenten unterdrückt hatte. Und obwohl nun diese neuen Informationen auch veröffentlicht wurden, war dieses Narrativ nicht mehr aus der Welt zu bringen. Im Ergebnis entstand aus diesem Narrativ auch die Maskenpflicht, denn die Masken sollten ja zunächst deshalb getragen werden, um andere Menschen zu schützen. Erst später wurde dann die Maskenpflicht auch mit einem Selbstschutz begründet.

Neben der Vermutung, dass auch symptomlose Menschen gefährliche Verbreiter sein können, wurde zusätzlich der Begriff der asymptomatischen Superspreader, also der Superverbreiter geboren. Dieser Begriff geisterte durch die Medien und wurde natürlich dankbar aufgenommen. Bis heute sind Superspreader-Personen nicht sicher erfasst worden, lediglich Vermutungen kursieren. Und ob es tatsächlich asymptomatische Überträger gibt, die jemanden infizieren können, ist ebenfalls nicht abschließend geklärt worden.

Die bislang größte mir bekannte Studie hierzu kam aus Wuhan, und diese Studie lässt den Schluss zu, dass eine Übertragung von Personen, die keine Symptome haben, nicht zu befürchten ist. Natürlich gibt es in der Medizin immer wieder Ausnahmen. Aber sollten wir uns nicht an das Häufige halten, anstatt die Ausnahmen als Grundlage zu nehmen? Ja, das sollten wir, vor allem dann, wenn wir uns mal gemeinsam überlegen, was Symptome eigentlich bedeuten.

Wenn ein respiratorisches Virus wie Sars-CoV-2 in den Körper eindringt, dann muss sich dieses Virus zunächst in die Zellen einschleusen und dort reproduzieren. Erst bei einer bestimmten Virenmenge und wenn der Körper seinen Gegenangriff startet, bemerkt der Mensch Symptome. Symptome sind also ein Zeichen dafür, dass was im Körper passiert, nämlich ein Abwehrkampf. Je stärker die Symptome, umso heftiger der Kampf. Wenn nun eine Person völlig asymptomatisch ist, dann kann man davon ausgehen, dass entweder die Virenlast im Körper sehr gering ist oder aber dass der Körper über so eine gute Abwehr verfügt, dass die betreffende Person nichts davon bemerkt. In beiden Fällen wird vermutlich keine ausreichende Virenmenge ausgeschieden, um andere heftig erkranken zu lassen.

Zusammenfassend können wir also davon ausgehen, dass Personen nur dann ansteckend sind, wenn sie auch später Symptome entwickeln. Das sind dann die präsymptomatischen Personen, und diese müssen von den völlig asymptomatischen Personen gedanklich getrennt werden.

Sollten völlig asymptomatische Personen dennoch Viren weitergeben, dann mit hoher Wahrscheinlichkeit in einer so kleinen Menge, dass daraus keine schweren Verläufe zu erwarten sind.

Narrativ 4: **Community-Masken schützen andere**
Diese Annahme wurde aus Narrativ 3 abgeleitet. Warum nun plötzlich andere geschützt werden sollten und nicht der Eigenschutz im Vordergrund stand, wurde mit Solidarität begründet. Vermutlich aber diente das Tragen dieser Masken der sozialen Kontrolle und entsprang aus dem Desaster, dass Deutschland zu Beginn der Pandemie keine medizinischen Masken mehr hatte.

Ein Mund-Nasen-Schutz (MNS), eine sogenannte chirurgische Maske, reduziert die Abgabe von Tröpfchen. Dieser Schutz dient also dem anderen. Ist auch logisch, denn niemand möchte, dass ein Operateur seine Tröpfchen aus Mund und Nase in das soeben frisch aufgeschnittene Fleisch transportiert.

Das RKI stellt dazu fest, dass ein mehrlagiger medizinischer MNS geeignet ist, die Freisetzung erregerhaltiger Tröpfchen aus dem Nase-Rachen-Mundraum des Trägers zu behindern. So weit, so gut.

Da aber vor allem zu Beginn der Pandemie ein Mangel herrschte, begann man diesen Fremdschutz plötzlich selbst genähten Masken, also den Community-Masken, zuzuschreiben. Evidenzbasierte Studien gab es nicht. Wieder hat man das einfach vermutet. Und es brauchte eben eine schnelle Begründung, denn der Bevölkerung musste nun das Tragen dieser Masken erklärt werden.

Wenn man kurz innehält und überlegt, dann hätte man auch feststellen können, dass die Community-Masken nicht mehr als ein Symbol der Kontrolle war. Denn wie so eine Maske auszusehen hatte, aus welchem Stoff sie genäht wurde, ob das Gewebe nun großporiger war oder nicht, das spielte alles keine Rolle. Immer wieder gab es den einen oder anderen Artikel darüber und wie hilfreich doch diese Masken seien. Im Prinzip kam man aber über bloße Vermutungen nicht hinaus.

Im Januar 2021 wurden dann in Bayern im Einzelhandel, in den öffentlichen Verkehrsmitteln und in anderen Einrichtungen die Community-Masken von den FFP2-Schutzmasken abgelöst. Es mussten also FFP2-Masken getragen werden. Das Argument der Politik war, dass diese Masken auch einen gewissen Eigenschutz haben. Insofern wurde die Argumentation verändert, was aber im Umkehrschluss nur bedeutet, dass wir die Monate vorher selbst nicht geschützt waren. Aber genau auf diesen Umstand hatte ich ja in meiner Kritik verwiesen. Andere Bundeländer begnügten sich vorerst mit dem Tragen eines medizinischen Mund-Nasen-Schutzes.

Im März 2021 stolperten dann einige Politiker aus CSU und CDU über die sogenannte Maskenaffäre. Diese Politiker hatten vermutlich von der Vermittlung und dem Verkauf dieser Masken erheblich profitiert. Ob der Profit dieser Politiker oder eine wahrhaft wissenschaftliche Begründung uns diese Masken tragen lassen, kann derzeit nicht geklärt werden.

Narrativ 5: FFP2-Masken sind ein wirksamer Schutz

Fernab und von der breiten Masse der Bevölkerung kaum wahrgenommen, kam es im Laufe der Pandemie zu fragwürdigen Entscheidungen und Empfehlungen aus den staatlichen Behörden.

Wie groß der Zusammenhang zwischen politischen Entscheidungen und Empfehlungen aus sogenannten Fachbehörden ist, soll folgendes Beispiel verdeutlichen.

Ab dem 18. Januar 2021 galt für Bayern in Läden, Bahnen, Bussen und Praxen eine FFP2-Maskenpflicht.

FFP2-Masken sind medizinische Masken und wurden bis zum 22. Januar 2021 auch nicht vom RKI zur privaten Nutzung empfohlen. Das hatte natürlich seine Gründe. Das RKI schrieb damals, dass die Anwendung solcher Masken von Laien nicht über die Wirksamkeit eines korrekt getragenen alternativen Mund-Nasen-Schutzes gehen würde. Dieser Auffassung des RKI konnte ich auch folgen. Die Anwendung von FFP2-Masken braucht eine Einweisung und setzt eigentlich das Angebot einer vorherigen medizinischen Untersuchung voraus. Viele Fachexperten, darunter auch die Gesellschaft der Deutschen Krankenhaushygiene, fanden die Einführung der FFP2-Maskenpflicht unglücklich.

Ich schließe mich dieser Kritik an. Meine jahrelange Erfahrung im Umgang mit persönlicher Schutzausrüstung hat mich gelehrt, dass die Anwendung nicht einfach ist und auch regelmäßig geübt werden muss. Zudem wusste ich aus eigener Erfahrung, wie anstrengend das Atmen unter dieser Maske sein kann, vor allem wenn man bedenkt, dass nun auch ältere und kranke Menschen diese Masken tragen sollten.

Kurzum, die Kritik war da und wurde auch öffentlich gemacht. Leider nicht so, wie man es sich für aufklärende Medien gewünscht hätte.

Denn nur für einen kurzen Moment berichteten die Medien über die neue Maskenpflicht und auch darüber, woher man diese Masken beziehen könne, und dass sie teurer wären. Nach ein paar Tagen war aber dann schon wieder Schluss mit der Berichterstattung, von kritischer Berichterstattung möchte ich gar nicht sprechen.

Von den Problemen und Sorgen, die die Experten im Umgang mit den Masken sahen, wurde wenig berichtet. Kein kritischer Beitrag zur Handhabung oder dem Umgang mit Masken oder welchen Nutzen diese Masken wirklich haben sollen oder welche Nachteile eventuell durch eine Nutzung entstehen könnten.

Vor allem wurde nicht berichtet, welche Giftschleudern wir benutzten. Die meisten FFP2-Masken bestehen aus thermoplastischem Kunststoff mit vielen Klebstoffen und Bindemitteln. Darüber hinaus dürften zusätzlich Formaldehyd und künstliche Duftstoffe in ihnen zu finden sein. Diesen giftigen Mix sollten dann die Menschen auch über längere Zeit tragen. Dabei wurde nie auf Langzeituntersuchungen geschaut, die Masken wurden auch nicht auf ihre Giftigkeit hin untersucht. Denn die Inhaltsstoffe der Masken sind nicht von der Zulassung betroffen, es wird nur auf die Dichtigkeit überprüft. Und wenn die Maske, egal wie giftig oder wie viele Mikropartikel sie auch in die Lunge abgeben würde, eine ausreichende Filterleistung besitzt, dann bekommt sie ihre Zertifizierung.

Mit dem 22. Januar 2021 wurden allerdings die oben genannten Gründe, die gegen eine private Nutzung von FFP2-Masken sprachen, vom RKI weggewischt; denn mit der Neufassung der RKI-Richtlinien verschwand auch der Passus, dass die private Nutzung der Masken nicht empfohlen wird. Mit der Einführung der politischen Maßnahme änderte also eine Bundesfachbehörde ihre Empfehlungen derart, dass die Maßnahme der

Politik mit Verweis auf das RKI nicht mehr kritisiert werden konnte. Und das ohne jegliche wissenschaftliche Begründung. Ein wohl einmaliger Vorgang!

Vielleicht hat aber der Skandal einiger Bundestagsabgeordneter der Regierung mit diesem Maskenzwang zu tun. Hier haben sich vermutlich einige Abgeordnete die Taschen mit guten Provisionsgeldern gefüllt, während in der Krise viele Existenzen durch die Maßnahmen vernichtet wurden. Ein eindeutiger Beweis, dass selbst das Tragen von FFP2-Masken einen Effekt im öffentlichen Raum hatte, konnte nicht erbracht werden.

Im April 2021 äußerte sich die Deutsche Gesellschaft für Krankenhaushygiene erneut zu diesem Thema. Hintergrund war nun, dass in Berlin ebenfalls eine FFP2-Maskenpflicht eingeführt wurde. Erneut wies die Fachgesellschaft darauf hin, dass eine Tragepflicht von FFP2-Masken mehr gefährden als nutzen könnte. Entscheidend sei, dass die Maske angepasst ist, auf dichten Sitz überprüft und das Tragen geschult wird. Diese Punkte sind natürlich in mehrerlei Hinsicht interessant. Zum einen, wer würde und wer wäre überhaupt in der Lage, die Dichtigkeit und den Sitz dieser Masken zu überprüfen? Zum anderen aber: Wenn eine solche Hochleistungsmaske nur so wirkt, dann kann eine Alltagsmaske eigentlich nur sehr wenig Wirkung haben.

Narrativ 6: **Der PCR-Test kann Kranke identifizieren**

Diese Aussage war natürlich völliger Unsinn, trotzdem wurde sehr lange in der Berichterstattung immer wieder von Erkrankten gesprochen: Diese Erkrankten wiesen aber lediglich einen positiven Test auf.

Interessanterweise wäre vor Corona ohne das Narrativ der symptomfreien Ansteckungsgefahr niemand auf die Idee gekommen, gesunde Menschen in dieser Breite auf ein Virus zu untersuchen. In der Medizin galt vor Corona, dass wir Ärzte niemals nur auf Laborergebnisse starren dürfen. Der Mensch muss mit seinen Symptomen einbezogen werden. Plötzlich war es anders. Völlig gesunde Menschen, ohne Beschwerden oder Einschränkungen, wurden bei einem positiven Test zu Kranken erklärt. Und diese Kranken produzierten natürlich jede Menge an Kontaktpersonen.

Ein PCR-Test kann leblose Virusteile aus einer bereits durchgemachten Infektion nicht von vermehrungsfähigen Viren unterscheiden.

Werden nun massenweise symptomlose Menschen getestet, dann testet man logischerweise auch viele Menschen, die diese Infektion bereits durchgemacht hatten, denn die meisten Betroffenen waren über das übliche Maß einer Erkältung nicht weiter betroffen. Und da man mit einer sehr hohen Wahrscheinlichkeit davon ausgehen kann, dass SARS-CoV-2 bereits Ende 2019 und dann noch unerkannt Anfang 2020 in Deutschland unterwegs war, wurden sehr viele Menschen getestet, die gesund waren und spielend mit dem Erreger fertigwurden. Vermutlich blieben leblose Virenfragmente in den Schleimhäuten der ehemals Erkrankten zurück. Und diese wurden dann in den Abstrichen gefunden.

Zudem weist der PCR-Test bis heute keine hundertprozentige Sicherheit auf, sodass auch mit einer hohen Wahrscheinlichkeit von einigen sogenannten falsch positiven Ergebnissen auszugehen war. Falsch positiv bedeutet, dass der Test ein positives Ergebnis anzeigt, obwohl die untersuchte Person nicht positiv ist. Ein Fehler sozusagen, der dem hochsensiblen Verfahren geschuldet ist.

Trotz dieses Wissens wurde getestet, was das Zeug hielt. Reihentestungen, Massentestungen, alle, die sich testen lassen wollten – auch aus reiner Neugier –, wurden getestet, und so schnellten die Positivzahlen nach oben, dass einem schwindlig wurde.

Der Anstieg der durchgeführten PCR-Tests ist auf der Internetseite des Robert Koch-Instituts nachzulesen. In der Kalenderwoche elf sind 127 457 Tests angegeben, in Kalenderwoche 44 wurden mit 1 567 083 über zwölfmal so viele Tests gemacht.

Diese Zahlen wurden dann auch noch schön aufsummiert, sodass natürlich der Eindruck entstand, dass der Berg der Infizierten immer weiter wachsen würde. Das war aber falsch. Denn im Gegenzug wurden sehr viele Menschen wieder gesund, nur darüber berichtete niemand.

Dieser PCR-Test ist bis dato also nicht in der Lage, eine bloße Kontamination von einer Infektion zu unterscheiden. Befinden sich Viren also nur auf den Schleimhäuten und dringen nicht in Körperzellen ein, ist ein Mensch nur kontaminiert, keinesfalls infiziert und daher mit sehr großer Wahrscheinlichkeit auch nicht ansteckend.

Nur wenn Viren in Körperzellen eindringen und sich vermehren, ist der Mensch infiziert. Je nach Abwehrkräften bemerken die Infizierten dies anhand von Beschwerden. Dringen die Viren also nicht in die Zellen ein, erzeugen sie weder eine Infektion, noch wird der Träger des Virus infektiös; trotzdem würde in diesem Fall ein PCR-Test positiv ausfallen.

Nach den neuen Vorgaben der WHO sollen nun Ct-Wert und das klinische Bild des Getesteten, ob also Symptome vorliegen, berücksichtigt werden! Diese Forderung, auf die ich seit Monaten bestanden und seit Beginn der Pandemie hingewiesen habe, empfiehlt nun auch die WHO. Ganz klar sagt die WHO, dass sie das alleinige Abstellen auf den PCR-Test ablehnt.

Was ist nun dieser Ct-Wert genau? Er gibt bei den PCR-Tests an, wie lange eine Probe im Labor untersucht werden, also wie viele Zyklen das Probenmaterial durchlaufen muss, bis das Erbgut von SARS-CoV-2 nachgewiesen werden kann. Ist Virusmaterial bereits nach einer kurzen Laufzeit nachweisbar, könnte dies für eine hohe Viruslast sprechen, und der Ct-Wert wäre niedrig. Ist der Ct-Wert höher, beispielsweise dreißig, bedeutet das, dass die Probe viele Runden durchlaufen musste, bis Virusmaterial gefunden wurde.

Bei Ct-Werten über dreißig lässt sich das Virus nach bisherigen Erkenntnissen schwieriger anzüchten, was für eine geringere Infektiosität dieser Personen spricht.

Sie wären dann nicht mehr als infektiös anzusehen. Die Konsequenzen daraus liegen auf der Hand. Diese Probanden bräuchten nicht in die Meldestatistik eingehen, denn sehr wahrscheinlich sind sie mit einem hohen Ct-Wert und ohne Symptome nicht neu-infiziert. Aber auch für die Probanden selbst ist so ein Prozedere von Vorteil, denn in diesem Fall müssten weder sie in Isolation noch ihre Kontaktpersonen in Quarantäne.

Kurz vor Beendigung des Buches urteilte das Verwaltungsgericht Wien, dass der PCR-Test nichts zu einer Erkrankung oder einer Infektion eines Menschen aussagen könne. Dabei verwies das Gericht auf die Empfehlungen der WHO, wonach ein PCR-Test nicht zur Diagnostik geeignet sei.

Leider gibt es derzeit noch immer keine offizielle Empfehlung unserer obersten Fachbehörde. Weder die Ct-Werte noch das klinische Bild der Getesteten werden einbezogen. Gemeldet als COVID-Fall werden lediglich die positiven Testergebnisse. Und auch die Maßnahmen richten sich nur nach diesen kumulierten Laborergebnissen.

Eine weitere Forderung von mir war, dass für die Bestimmung der Schwere einer Pandemie maßgeblich sein muss, wie viele Menschen krank werden, wie viele im Krankenhaus behandelt werden, wie viele auf der Intensivstation liegen und wie viele beatmet werden müssen.

Dieses Überwachungsinstrument ist bereits im Infektionsschutzgesetz festgelegt (§ 13 Abs. 2) und wird auch als sogenannte Sentinel-Überwachung bei der Influenza angewandt.

Narrativ 7: **Das Gesundheitssystem droht überlastet zu werden**

Die Medien berichteten relativ früh, dass in Deutschland mit Millionen von Intensivpatienten und Hunderttausenden von Toten zu rechnen sei. Dies wurde allerdings nur aufgrund von Modellrechnungen kommuniziert. Zu keinem Zeitpunkt haben sich diese alarmistischen Berichte bewahrheitet. Zum Glück!

Das Robert Koch-Institut warnte Ende März 2020 vor »bis zu zehn Millionen Infizierten« in Deutschland. Am 15. April 2021 waren es laut RKI 3 073 442 Fälle. Davon gelten zu diesem Zeitpunkt 2 736 100 als genesen.

Vom Anfang der Pandemie an hing die befürchtete Überlastung des Gesundheitssystems wie ein Damoklesschwert über unseren Köpfen. Mit diesem Narrativ wurden die Menschen angehalten, zu Hause zu bleiben, denn jedes gebrochene Bein wäre angeblich zu viel für die Kliniken. Diese Aussagen von Experten führten zu massiven Ängsten in der Bevölkerung. Auch zum zweiten Lockdown wurden die Ängste wieder mit dieser Aussage geschürt. Alle Maßnahmen gründeten zu Anfang der Pandemie auf der Zielsetzung, eine Überlastung des Gesundheitssystems zu verhindern.

Allerdings hatte die Politik wohl selbst nicht an das Kollabieren des Gesundheitssystems geglaubt. Denn wie kann man sonst erklären, dass Deutschland zu diesem Zeitpunkt viel zu wenig Impfstoff bestellt hatte?

Offenbar mussten wir zu keinem Zeitpunkt Angst um die Überflutung unseres Gesundheitswesens haben. Eine Überlastung fand nicht statt. Punktuell kamen einige Krankenhäuser an den Rand ihrer Intensivbettenkapazitäten. Das war aber dem Personalmangel insgesamt und im Besonderen dem Personalmangel aufgrund von Quarantänemaßnahmen geschuldet!

Vielmehr litten einige Kliniken unter mangelnder Auslastung, weil andere ärztliche Leistungen nicht erbracht wurden; es mussten ja freie Betten vorgehalten werden. Ärzte und Pflegepersonal wurden in Kurzarbeit geschickt. Das DIVI-Intensivregister schaffte hier einen klaren Blick auf die tatsächlichen Verhältnisse.

Vergleicht man nun den Bettenstand vom Sommer 2020 mit dem Spätherbst 2020, so kann man wunderbar erkennen, dass die Intensivbetten in ganz Deutschland von über 32 000 auf etwa 28 000 reduziert wurden. Ein Abbau also von circa 4000 Intensivbetten inmitten einer Pandemie.

Im *Deutschen Ärzteblatt* erschien im März 2021 ein Artikel, in welchem alle von Krankenhäusern abgerechneten Behandlungsfälle in Deutschland analysiert wurden. Bereits der Titel des Artikels lässt erahnen, wie die Analyse ausfiel: »COVID-19-Pandemie: Historisch niedrige Bettenauslastung«.

Die Zahl der abgerechneten Behandlungsfälle sank um 13 Prozent von 19,2 auf 16,8 Millionen Fälle. Die Bettenauslastung sank von 75,1 Prozent im Jahr 2019 auf ein historisches Allzeittief von 67,3 Prozent im Jahr 2020. In den kleinen Krankenhäusern lag die Intensivbettenauslastung bei durchschnittlich 63,6 Prozent, in den großen Krankenhäusern bei durchschnittlich 71 Prozent. Bezogen auf alle vorhandenen Intensivbetten ergab sich eine durchschnittliche Belegungsquote von 3,4 Prozent beziehungsweise 3,6 Prozent durch COVID-19-Patienten.

Auch die Initiative Qualitätsmedizin berichtet im Februar 2021 von insgesamt 13,6 Prozent weniger Patienten im Jahr 2020 im Vergleich zu 2019. Zudem war die Gesamtzahl der

SARI-Fälle, Intensiv- und Beatmungsfälle im Untersuchungszeitraum nicht höher als in 2019.

Damit wurde im Februar und März 2021 offiziell bestätigt, dass in Zeiten einer angeblich außergewöhnlichen Pandemie die Bettenauslastung historisch niedrig war.

Und in so gut wie jedem Vorjahr titelten die Zeitungen und berichteten andere Medien über eine Überlastung der Krankenhäuser. COVID-19 hatte damit nichts zu tun. Das Problem war bereits seit Jahren bekannt. Aber die Politik hatte sich entschlossen, hier nichts zu unternehmen.

Zudem haben die seit Januar 2019 geltenden Personaluntergrenzen das Problem an einigen Häusern noch verschärft. Führende Experten kritisierten diese Maßnahme, denn sie führte dazu, dass zusätzliche Versorgungsengpässe in den Kliniken entstanden. Auch hier hatte die Politik ihren Teil zum Problem beigetragen.

Selbstredend wird das oben Geschriebene nun denjenigen, die in den punktuell überlasteten Häusern bis an ihre Leistungsgrenze geschuftet haben, nicht gerecht. Ich weiß das. Ich weiß auch, dass es solche Häuser und Stationen gab.

Doch das Gesundheitssystem insgesamt besteht aus mehreren Bereichen. Die Krankenhäuser sind nur ein Teil davon. Weitere Bereiche des Gesundheitssystems sind niedergelassene Ärzte, medizinische Versorgungszentren, Apotheken, Pflegedienste und die Krankenkassen. Und diese Bereiche waren nicht überlastet, nicht einmal annähernd. Das gehört eben zur Wahrheit dazu, auch wenn diese nicht gerne gehört wird, weil sie nicht zu dem Narrativ passt.

Narrativ 8: **Mutanten sind besonders gefährlich**
Im Laufe der Pandemie 2021, und als bereits die Zahlen der positiven Labormeldungen in Deutschland nach unten gingen,

kamen die Mutanten. Also eine neue Variante des Sars-CoV-2-Virus. Es gab bereits Mutanten aus England und aus Südafrika, und jede Mutante schien gefährlicher, infektiöser, ja gar tödlicher als die andere zu sein. Verschiedene Experten ließen sich zu weit auseinandergehenden Schätzungen hinreißen und behaupteten, die neue Mutation aus Großbritannien sei um fünfunddreißig bis fünfundsiebzig Prozent ansteckender.

Es zeigt deutlich auf, wie wenig Experten letztlich über die Mutation wissen, wenn sie solche Zahlen herausgeben. Denn eine höhere Ansteckung zwischen fünfunddreißig bis fünfundsiebzig Prozent sagt gar nichts aus. Die Spanne zwischen den beiden Zahlen ist so groß, dass eine Fehleinschätzung von vornherein nahezu ausgeschlossen werden kann, was so gewollt ist, denn damit hat derjenige, der die Aussage trifft, eigentlich immer recht. Bei einer Differenz von vierzig Prozentpunkten erinnern solche Aussagen eher an einen Jahrmarkt mit Gauklern als an Wissenschaft.

Medien und Politik stürzten sich auf diese Mutanten und natürlich auf die Aussagen der Experten. Zwischenzeitlich wurde sogar von einer Pandemie in der Pandemie berichtet; dazu ist es selbstverständlich niemals gekommen, obwohl einige Experten diese medial immer schön vorhergesagt hatten.

Um es ganz deutlich zu sagen: Eine generelle Angst vor Varianten, also den sogenannten Mutationen, ist unbegründet. Während ich hier diese Zeilen schreibe, existieren bereits viele Tausend verschiedene Varianten, Tendenz steigend. Denn dass sich Viren verändern, also eben Mutationen bilden, wissen wir Ärzte schon lange. Dieses Phänomen ist nicht neu und keineswegs bei Corona erstmals aufgetreten.

Besonders gefürchtet war die britische Mutation B.1.1.7. Angebliche Experten befürchteten, dass diese Veränderung besonders gefährlich sei. Ihre Aussagen stützten sie auf Modelle. Die

Befürchtungen erwiesen sich aber als unbegründet. In Irland und in Großbritannien gab es einen drastischen Rückgang der Zahl der positiv Getesteten, obwohl dort nach meiner Schätzung über achtzig Prozent die britische Mutation gehabt haben dürften.

Im Moment zeigen neue Studien exakt das, was ich bereits vermutet hatte. Die britische Mutante B.1.1.7 ist im Krankheitsverlauf nicht schwerer und auch nicht tödlicher. Einmal mehr deckt sich die Realität nicht mit den mathematischen Modellen.

Narrativ 9: **Wir haben es mit erheblichen Spätfolgen zu tun (Long-COVID)**

Während der Pandemie wurden immer wieder neue Wortkreationen geschaffen. Eine davon war das »Long-COVID«. Long-COVID sollte ausdrücken, dass es Menschen gibt, die nach einer Erkrankung mit erheblichen Spätfolgen zu kämpfen haben. Wichtig hierbei ist die Feststellung, dass es bislang keine klare Definition von Long-COVID gibt. So musste diese Wortschöpfung für sämtliche unerklärlichen Phänomene nach einer durchgemachten COVID-19-Erkrankung herhalten. Gleichzeitig dienten Berichte vermutlich auch der weiteren Einschüchterung der Bevölkerung. Denn Einzelfälle wurden stark in den Fokus gerückt und waren dabei wenig wissenschaftlich basiert. Einige Langzeitfolgen bezogen sich auf schwer Erkrankte, die im Krankenhaus behandelt werden mussten, andere Beispiele bezogen sich auf ganz milde Verläufe einer COVID-Erkrankung, bei der aber dann die Spätfolgen umso schlimmer waren. Bei den Einzelfallberichten war oft nicht erkennbar, ob die Patienten ihre Diagnose gesichert von einem Arzt bekommen oder sich diese selbst gestellt hatten.

Wir Ärzte kennen bei fast jeder Erkrankung Einzel- oder Ausnahmefälle. Das ist für uns nichts Neues. Wir kennen Influenzaerkrankte, die oft monatelang unter einem Erschöpfungszustand leiden oder sportlich nicht mehr so fit werden wie vor der Erkrankung. Wir kennen Menschen, die nach einer Magen-Darm-Grippe wochenlang erschöpft und kraftlos sind. Einige entwickeln daraus eine Unverträglichkeit auf bestimmte Nahrungsmittel. Diese Beispiele gibt es in der Medizin immer wieder.

Besorgniserregend finde ich Berichte über Long-COVID-Fälle in den Medien ohne gute Recherche. An einen Artikel erinnere ich mich noch gut: Eine vorher unsportliche Person mit bereits vorherrschender Atemnot erkrankte an COVID-19, und es dauerte mehrere Wochen, bis diese Person wieder vernünftig Treppensteigen konnte. Leider fand sich in dem ganzen Artikel kein einziger Hinweis, warum die Person bereits vor ihrer Erkrankung Atemnot hatte.

Vielleicht wird aber bei diesen Patienten nicht kritischer hinterfragt, weil die Medien gehemmt sind. Wer möchte einem ohnehin schon leidenden Menschen nun auch noch unangenehme Fragen stellen, die sich schnell wie Vorwürfe anhören könnten. Ich denke, dass hier ein psychologischer Mechanismus greifen könnte, der aber eben notwendig kritische Fragen verhindert. Ich habe dafür völliges Verständnis. Es erscheint einfach pietätlos, einem kranken Menschen noch das Gefühl zu geben, dass er vielleicht schon vor seiner Corona-Erkrankung etwas für seine Gesundheit hätte tun sollen.

Insgesamt muss aber deutlich gesagt werden, dass zu diesem Thema ausführliche Daten fehlen, weshalb nicht völlig ungesichert bei allen Schicksalen nach einer COVID-Erkrankung von Long-COVID-Fällen gesprochen werden sollte. Gleichzeitig müssen die Patienten unbedingt ernst genommen werden.

Was wir bisher wissen, ist aber, dass zur Wahrheit gehört: Eine COVID-19-Erkrankung verläuft bei den meisten Menschen glimpflich und geht nicht über eine Erkältung mit Fieber hinaus. Wovon allerdings nicht gesprochen wird, das sind die

Fälle von möglichen Long-COVID-Fällen, die vielleicht eher den Einschränkungen, der mangelnden Bewegung, der fehlenden ärztlichen Versorgung und der Ausprägung von psychischen, unerkannten Vorleiden zuzuschreiben wären. Darüber sollte nachgedacht werden.

Narrativ 10: **Corona bedeutet qualvolles Ersticken**
Kaum ein Narrativ hat die Menschen so sehr verängstigt wie dieses – das angeblich qualvolle Ersticken bei einer schweren COVID-Erkrankung. Hier wurde eine Urangst des Menschen geweckt. Sicher, zu ersticken gehört mit zu den schrecklichsten Vorstellungen. Aber müssen schwer COVID-Erkrankte tatsächlich so versterben? Nein, das müssen sie eben nicht. Und ich frage mich immer wieder, warum sich nicht mehr Ärzte gegen solche unsinnigen Aussagen wehren. Immerhin geht es um unseren Fachbereich. Und ich kenne keinen Arzt, der seinen Patienten leiden lassen und nichts gegen ein qualvolles Ersticken unternehmen würde.

Ein Patient, der beispielsweise auf einer Intensivstation liegt und beatmet wird, ist in aller Regel unter Narkose. Dieser Patient wird nicht an Luftnot leiden und Angst haben müssen.

Bei anderen Patienten, die nicht mehr zu retten sind, können Ärzte mit bestimmten Medikamenten ein angstfreies und würdevolles Sterben gewährleisten. Vor allem um die Luftnot zu lindern, haben sich Medikamente wie Morphium und andere Opiate sehr gut bewährt. Der Patient ist also schmerzfrei, leidet nicht an Atemnot und ist gleichzeitig im Wachzustand. Opioide lindern die Atemnot, weil durch sie gleichzeitig die Angst gemildert wird. Denn Angst und Panik verschlimmern die Luftnot erheblich. Weiter lassen Opioide die Patienten langsamer und tiefer atmen. Das alles trägt zu einer deutlichen Verbesserung des Wohlbefindens bei.

Dieses Triggern von Urängsten, um bestimmte Ziele zu erreichen, erschüttert mich zutiefst. Und dass so viele Ärzte immer noch zu diesem Thema schweigen, obwohl sie es besser wissen, kann ich nicht nachvollziehen.

Narrativ II: **Der Lockdown ist angemessen und alternativlos**
Was bedeutet Lockdown? Woher kommt dieser Begriff? Natürlich nicht aus China. China hat es nur vorgemacht. Der eigentliche Sinn eines Lockdowns ist ein anderer. Lockdown bedeutet verriegeln oder abschließen und meint in der Epidemiologie das komplette Herunterfahren des öffentlichen und privaten Lebens. Je größer die Örtlichkeit ist, die abgeriegelt werden soll, umso schwerer wird es werden. In der praktischen Epidemiologie macht ein Lockdown durchaus Sinn, etwa wenn es sich um einen begrenzten und gut zu überblickenden Raum oder eine Einrichtung geht. Und wenn es um einen wirklich gefährlichen Erreger geht wie in der folgenden Geschichte:

Michel war ein erfahrener und in die Jahre gekommener Epidemiologe. Als er und seine Mannschaft etwa zehn Kilometer vor dem Dorf des Mädchens standen, ließ er den Konvoi anhalten. Er erklärte den Ablauf des Einsatzes, wie so oft, schon fast mechanisch, und er wies jeden Truppführer an, was zu tun sei.

In dem Dorf lebten etwa noch dreihundert Menschen. Sie hausten in Hütten und hatten wenig bis keine sanitären Anlagen. Das Wasser für die Wäsche und zum Hausgebrauch bezogen sie aus einem Brunnen. Die nächste Stadt lag knapp hundert Kilometer entfernt.

»Es muss ein Sperrgürtel in einem Radius von einem Kilometer um das Dorf gezogen werden. Niemand darf mehr raus oder rein. Niemand, habt ihr mich verstanden?« Der verantwortliche Militärführer nickte nur und kaute weiter Kautabak.

»Wir gehen in voller Montur mit Atemschutzgeräten rein. John und Melinda, ihr beide nehmt Sektor eins, Jean und Kristina, ihr übernehmt Sektor zwei.« Michel hatte das Dorf wie ein Kuchen entzweigeteilt. Jeder Sektor war eine Hälfte und wurde nun an ein erfahrenes Ärzteteam übergeben. Jedes Ärzteteam führte nach Betreten des Dorfes eine sogenannte Triage durch. Dabei geht es grob erklärt um eine Einteilung in Kategorien von Menschen, die man vorfindet. In so einer Lage ging Michel grundsätzlich davon aus, dass sich bereits alle Einwohner des Dorfes infiziert haben könnten. Allerdings zeigten eben nicht alle bereits Krankheitszeichen. Die Schwerkranken und bereits im Sterben Liegenden, bekamen violette Armbänder, die Kranken mit starken Symptomen, die aber noch ansprechbar waren, bekamen rote, leicht Erkrankte gelbe und die ohne Symptome grüne Armbänder. Danach erfolgte die organisatorische Zuordnung. Neben den Ärzteteams, die die Triage machten, bauten in der Zwischenzeit technische Hilfskräfte stationäre Versorgungs- und Behandlungszelte sowie Unterkünfte für das Team auf. Die Kranken wurden strikt nach Farben getrennt und in getrennten Zelten versorgt, die Toten aus ihren Hütten gebracht und in einem tiefen Loch in der Erde versenkt. Über die bereits verwesenden Leichen verteilte man Mengen an Kalk, bevor das jeweilige Massengrab zugeschüttet wurde. Die Dorfbewohner mit einem grünen Armband wurden in ihren Hütten eingesperrt und durften diese nicht mehr verlassen. Entweder sie bekamen innerhalb der gedachten Ansteckungszeit Symptome und wurden dann darin bis zu ihrem Tod behandelt, oder aber, und es waren nur wenige, sie waren nach der vermuteten Ansteckungszeit völlig gesund; dann durften sie nach einer Blutprobe ihre Hütte wieder verlassen.

Michel ging immer wieder von Team zu Team, beantwortete Fragen und trug viele Entscheidungen mit.

In einer Hütte kauerte ein kleines Mädchen vor der Leiche seiner Mutter. Die Augen der Mutter waren weit aufgerissen, Fliegen saßen bereits darauf und hatten Eier abgelegt. Aus dem Mund war eine Spur getrocknetes Blut zu sehen. Das kleine Mädchen schlotterte, war blass und fühlte sich heiß an. Als Michel zu ihr hinging, weinte es. Es hatte Angst. Michel nahm die Kleine hoch und sah in ihre glasigen Augen. In diesem Moment wusste er, dass das sein letzter Einsatz sein würde.

Nach 21 Tagen hatten Michel und sein Team die Lage unter Kontrolle. Von insgesamt 312 Dorfbewohnern überlebten 14 diese Erkrankung. Nachdem sicher war, dass keiner der Überlebenden krank werden würde oder eine Gefahr der Ansteckung von ihnen ausging, wurden diese evakuiert und ihr Dorf niedergebrannt. Als sich der Rauch legte und alles verpackt war, blickte Michel zurück. Dorthin, wo er das Mädchen begraben hatte.

Große Städte oder gar ein ganzes Land einem solchen völligen Lockdown zu unterziehen, ist nicht sinnvoll. Es ist wenig praktikabel, eine Millionenstadt oder ein ganzes Land auf null runterzufahren. Vor allem dann nicht, wenn es sich um einen respiratorischen Erreger wie SARS-CoV-2 handelt. Diese Erreger übertragen sich relativ leicht auf andere, sind aber in ihrer Gefährlichkeit nicht sehr ausgeprägt. Würde beispielsweise ein Erreger wie Ebola eine Pandemie verursachen, dann wäre ein Lockdown unumgänglich.

In der Politikberatung kommt der Wissenschaft eine zentrale Rolle zu. Eigentlich sollte die Beratung durch die Wissenschaft neutral und evidenzbasiert sein, sich also auf zusammengetragene Erfahrungen stützen, welche dann wissenschaftlich bewertet werden und aus denen wissenschaftliche Erkenntnisse erfolgen. Aber an beiden zentralen Punkten habe ich aktuell erhebliche Zweifel.

Die Verlockungen der Macht in Form von Zuwendungen jeglicher Art sind einfach zu groß. Ebenfalls darf der Druck der Politik auf die Ratgeber aus der Wissenschaft nicht unterschätzt werden. Wer zahlt, schafft an. So kann eine Abhängigkeit von Wissenschaft und Politik entstehen.

Seit dem Beginn der Pandemie geben Wissenschaftler Empfehlungen zu Zwangsmaßnahmen ab, und ich stellte mir mehrmals die Frage, warum sie das tun. Einige plädieren für drastische Maßnahmen mit dem Ziel, die Pandemie einzudämmen. Diese Maßnahmen degradieren mündige Bürger zu Untertanen und setzen sich über fundamentale Grund- und Freiheitsrechte hinweg. Gab es andere Wissenschaftler, die den Kurs der Bayerischen Staatsregierung kritisierten, dann wurden sie aus Gremien oder den Beratungen ausgeschlossen oder erst gar nicht mit eingeladen.

Dabei hätte es gerade der Bayerischen Staatsregierung und auch der Bundesregierung gutgetan, wenn sie andere Disziplinen gehört und auch kritische Stimmen zugelassen hätten.

Ökonomen, Psychologen, Kinderärzte, Soziologen, Verfassungsrechtler und natürlich auch Epidemiologen hätten unbedingt gehört werden müssen. Und nicht nur Virologen und Mathematiker, die abstrakte Risiken berechnen.

Das Musterbeispiel einer Beratung, die unwissenschaftlich und auf voller Linie der Politik war, lieferte die Leopoldina, Nationale Akademie der Wissenschaften. In einer denkwürdig negativen Veröffentlichung forderte dieses Expertengremium einen harten Lockdown, welcher natürlich brav und ohne große Rückfragen von Bund und Ländern weitgehend umgesetzt wurde. Was war die Begründung der Leopoldina? Nun, ganz einfach: Das Expertengremium hielt den Lockdown aus wissenschaftlicher Sicht für notwendig, denn eine andere Alternative zur Senkung der hohen Anzahl der »Corona-Neuinfektionen«, die aber nichts anderes als positive Labormeldungen sind, läge nicht vor.

Das Narrativ des alternativlosen Lockdowns war geboren. Und das ohne weitere Begründungen. Sollte diese Empfehlung tatsächlich die verantwortungsvolle Anwendung wissenschaftlicher Erkenntnisse zum Wohle von Mensch und Natur sein? Hier hatte ich doch berechtigte Zweifel. Und nicht nur ich. Auch Mitglieder dieses Gremiums sahen sich nicht mehr vertreten und übten massive Kritik.

Was wollte der wissenschaftliche Rat erreichen? Aufklärung? Beruhigung? Wohl kaum. Stattdessen wurde ein Lockdown ohne wissenschaftliche Evidenz als alternativlos befürwortet und der Politik empfohlen.

Nach wie vor liegt das Durchschnittsalter der infolge an einer COVID-Erkrankung Verstorbenen bei über achtzig Jahren. Fast alle litten an schweren Vorerkrankungen. Vor allem in Seniorenheimen waren viele Todesfälle zu beklagen. In der Mehrheit sind es aber auch nicht die rüstigen Senioren, die an COVID-19 und im Heim versterben. Betroffen sind die Älteren mit erheblichen Vorerkrankungen oder mit deutlich geschwächtem Immunsystem und aufgrund ihrer Gebrechen meist ohnehin schon seit einiger Zeit bettlägerig.

Deshalb ist es natürlich keine Frage, dass genau diese Personengruppe geschützt werden muss. Allerdings sind zwei Maßnahmen für mich ob der Faktenlage völlig inakzeptabel: das Wegsperren und der Lockdown.

Die Senioren in den Heimen darf man unter keinen Umständen wegsperren oder absondern. An dieser Stelle muss ich gestehen, dass ich am Anfang der Pandemie in meiner Funktion als Amtsleiter selbst diesen Vorschlag gemacht hatte. Mir war nämlich aufgefallen, dass die fitten und rüstigen Senioren das Heim verlassen und einkaufen gegangen waren, um danach ins

Heim zurückzukehren. Ich vermutete, dass diese Heimbewohner das Virus aufnehmen und in ihr Heim tragen könnten, was natürlich rein theoretisch möglich war. Allerdings übersah ich dabei den Menschen, also die Person, die dann wegesperrt wird. Ich hatte zu der Zeit nur diese Lösung im Kopf, und sie schien mir alternativlos zu sein. Aber schnell konnte ich mich wieder selbst von diesem Gedanken abbringen lassen.

Die andere für mich nicht mehr akzeptable Maßnahme ist der sogenannte Lockdown. Schon gleich gar nicht über diesen langen Zeitraum, wie wir ihn über uns ergehen lassen müssen.

Ob die Ausbreitung eines respiratorischen Virus überhaupt mithilfe eines Lockdowns eingedämmt werden kann, darf mittlerweile stark bezweifelt werden. Es gab immer wieder Untersuchungen, die gegen einen Lockdown als geeignete Maßnahme sprachen.

Die zum aktuellen Zeitpunkt beste Studie hierzu kommt wohl von John Ioannidis und Eran Bendavid und wurde im *European Journal of Clinical Investigation* publiziert. Diese Studie zeigt, dass sogenannte harte Maßnahmen lediglich einen tendenziell geringfügigen und kurzfristigen Nutzen haben. In keinem der untersuchten Länder konnte eine signifikante nachhaltige Verringerung der Infektionszahlen durch einen Lockdown erreicht werden.

Trotz Lockdown stiegen die Todesfälle in den Alten- und Pflegeheimen weiter. Je länger ein Lockdown dauert, umso konkreter werden Folgeschäden sichtbar. Kinderärzte sehen mehr Misshandlungen, immer mehr Menschen verlieren ihre berufliche Existenz, Kinder aus finanziell schwachen Familien werden in der Schule mangels technischer Ausstattung benachteiligt, und die enorm wichtige Vorsorgemedizin mit ihren Untersuchungen oder einfachen Maßnahmen wie Sport leidet und fördert nur noch mehr Kranke.

Durch den Verlust der Arbeit und des Einkommens wird der soziale Abstieg eingeleitet. Mit diesem beginnt dann die ungesunde Lebensweise, und auf medizinische Vorsorge oder Fürsorge wird nicht mehr geachtet. Dieses Verhalten bringt wieder mehr Kranke hervor und treibt diese in ein marodes Gesundheitswesen. Denn die ökonomischen Schäden des Lockdowns werden gigantisch sein, und es wird weiter am Gesundheitssystem gespart werden. Hier entsteht im Moment ein Teufelskreis. Wer in zehn oder zwanzig Jahren versucht, den Beginn unserer Zeitenwende zu erforschen, der kann mit den Maßnahmen aus den Jahren 2020/21 beginnen, nämlich im Hier und Jetzt.

Im Prinzip findet lediglich eine Umverteilung des Todes und der Schäden statt. Ich frage mich, ob das vielleicht auch so gewollt ist. Ob nicht vielleicht in der Politik die Hoffnung besteht, dass die Menschen diese Schäden und die Toten der Maßnahmen nicht so schnell erkennen können wie die direkt durch das Virus verursachten Todesfälle?

Narrativ 12: **Inzidenzzahlen und Mittelwerte sind zuverlässige Entscheidungsgrundlagen**

Nach nun über einem Jahr in der Pandemie (Zeitpunkt Buchdruck) haben wir keine Datenhoheit über konkrete Zahlen. Mit diesem Übel geht leider auch einher, dass wir kein gutes Instrument zum Umgang mit Corona gefunden haben.

Immer noch dreht sich die Diskussion hauptsächlich um die Frage: Lockdown oder kein Lockdown. Dazwischen scheint es keine Antwort zu geben. Doch warum ist das so? Um vernünftige Entscheidungen treffen zu können, werden zuverlässige Zahlen benötigt. Wenn Sie ein Haus bauen wollen, brauchen Sie einen genauen Überblick über Ihr Vermögen und die Kosten des Hausbaus. Sollten diese Zahlen nicht verlässlich sein, werden Sie finanziell scheitern.

So ähnlich ist es in der Pandemie auch. Aus validen Zahlen des Geschehens könnten durchaus vernünftige Maßnahmen abgeleitet werden. Aber diese Zahlen existieren nicht. Und so zeigt sich die Hilflosigkeit der Bundesregierung und ihrer Berater in immer längeren und abstruseren Maßnahmen. Diese Hilflosigkeit ist selbst gemacht und zwingt die Entscheidungsträger zu konzeptlosen Maßnahmen. Inmitten der Fertigstellung dieses Buches werden aktuell die sogenannten Inzidenzgrenzen diskutiert. Die Inzidenzgrenze zeigt an, wie viel Personen pro 100 000 Einwohner innerhalb von sieben Tagen positiv getestet worden sind. Und die Frage lautete nun: Bei welcher Zahl könne man den Lockdown beenden? 50/100 000? 25/100 000? Manche Wissenschaftler und Politiker halten sogar Zero Covid für möglich.

Woher kommen nun diese Zahlen zur Inzidenzgrenze?

Sie sind politisch. Ob 25 oder 50 pro 100 000 Einwohner – es spielt keine Rolle, an welcher Stelle man die Grenze setzt. Alle Zahlen hat die Politik definiert, sie wurden nicht von Medizinern oder Epidemiologen aufgrund von wissenschaftlichen Daten ausgesprochen. Wie unsinnig die Inzidenzwerte sind, verdeutlicht Abbildung 3.

Abb. 3: Politisch definierte Inzidenzwerte

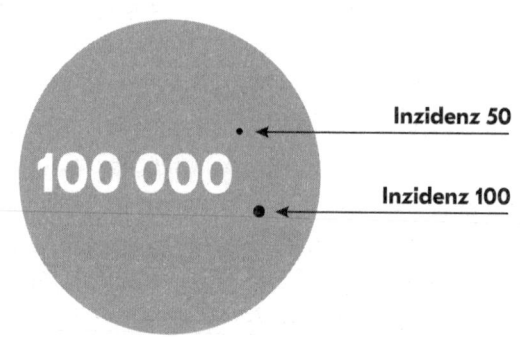

Zur Begründung der Inzidenzgrenzen mussten immer die Gesundheitsämter herhalten. Nur bis zu etwa fünfzig Neuinfektionen pro 100 000 Einwohner innerhalb von sieben Tagen eines Landkreises könnten die Gesundheitsämter die Infektionsketten nachverfolgen. Hat das irgendwann irgendjemand gemessen? Ermittelt? Ich wüsste nicht, wann. Auch wurde dabei übersehen, dass es unterschiedliche Größen von Gesundheitsämtern gibt. Auch in der Personalausstattung.

Als erfahrener Praktiker aus dem Gesundheitsbereich kann ich nur sagen, dass Inzidenzwerte unter fünfzig aufgrund der Saisonalität in den Wintermonaten nicht erreicht werden können. Es sei denn, man würde sofort das Testen einstellen.

Besonders heftig wurden die Schul- oder Kita-Öffnungen diskutiert. In diesen Einrichtungen kam es weniger häufig zu Ausbrüchen; woher die Ansteckungen kamen, also durch Kinder, durch die ErzieherInnen oder durch die bringenden oder abholenden Eltern, das wurde und konnte auch nie wirklich durch die Gesundheitsämter ermittelt oder herausgearbeitet werden. Selbst hundert fachfremde Aushilfen, die sogenannten Contact Tracer eines Gesundheitsamtes, wären dazu nicht in der Lage, ganz einfach deshalb, weil es ihnen an Fachkompetenz mangelt.

Deutlich zeigen immer mehr Studien in die Richtung, dass Kinder nicht den Hauptanteil der Verbreitung des Coronavirus verantworten und damit wenig zur Ausbreitung beitragen.

Seit Beginn der Pandemie wird auch gerne mit sogenannten Mittelwerten gearbeitet und argumentiert. Ein Mittelwert ist ein Durchschnittswert aus mehreren Zahlen. Schreiben beispielsweise sechs Schüler eine Klausur, und jeder der Schüler bekommt eine andere Note, bei einer Notenskala von eins bis sechs, dann ergibt sich daraus ein Mittelwert von 3,5. Das bedeutet, der Durchschnitt der sechs Schüler liegt bei 3,5.

Was bedeutet diese Zahl? Was leiten Sie daraus ab? Wahrscheinlich sehr wenig. Was wäre die Folge dieses Wissens? Müssten nun alle sechs Schüler mehr lernen? Wohl kaum, denn es gibt immerhin einen Schüler mit der Note eins und noch einen Schüler mit der Note zwei. Warum sollten diese zwei Schüler mehr lernen müssen?

Mittelwerte können informativ sein, aber ohne Betrachtung anderer einfließender Werte oder deren Streuung (im Beispiel die Noten eins und zwei sowie die Noten fünf und sechs) sind sie wenig aussagekräftig.

Ein weiteres Argument gegen Mittelwerte ist, dass diese weder nach Alter noch nach Population angepasst sind. Die vorhandenen Daten müssen nach Alter und Risiko dargestellt und ausgewertet werden.

Typischerweise und völlig fehlerhaft ist dann die Darstellung von schweren Verläufen und Todesfällen auch bei Jüngeren. Sie mögen in Einzelfällen durchaus vorkommen. Allerdings sind es eben Einzelfälle, so bedauerlich diese auch sind.

Um ein Geschehen zu verstehen, brauchen wir jedoch die Häufigkeitsverteilungen, angepasst an die Kranken und Verstorbenen sowie deren Alter und die Risikofaktoren.

Eine elementare Entscheidungsgrundlage muss also die Zahl der regionalen Infektionszahlen beziehungsweise die Zahl der Erkrankten mit Symptomen in den jeweiligen Regionen sein.

Eine schnelle Erfassung und Darstellung der Infektionszahlen oder der Geschehnisse war aber nicht möglich. Veraltete Meldewege von den Laboren zu den Gesundheitsämtern, von diesen wieder zu den Landesämtern und von dort dann zum RKI verhinderten eine zeitnahe Zusammenfassung der Geschehnisse. Die Meldezahlen hinkten um viele Tage hinterher. Wenn dann die erfassten Ausbruchszahlen endlich im RKI ankamen, dann war der Ausbruch in dieser Region meist schon wieder beendet.

Sehr schön veranschaulicht das folgende Narrativ, was mit »rohen« Zahlen in einer Statistik gemacht werden kann.

Narrativ 13: **COVID-19 bewirkt Übersterblichkeit**
Immer wieder wurde uns von den Medien die sogenannte Übersterblichkeit ins Gedächtnis gerufen. Übersterblichkeit bedeutet ganz einfach erklärt, dass im Vergleich zu anderen Jahren mehr Menschen gestorben sind.

Im Jahr 2020 sind 982 489 Menschen in Deutschland gestorben. Hierzu ist auf der Internetseite Statista[2] Folgendes zu lesen:
»Das sind fast 48 100 Tote mehr als im Schnitt der Jahre 2016 bis 2019. Und es sind auch rund 27 000 mehr als 2018, dem Jahr mit der schlimmsten Grippewelle seit dreißig Jahren, verstorben. Eine erhöhte Sterblichkeit lässt sich anhand der Daten des Statistischen Bundesamtes für Ende März bis Anfang Mai, im August und ab dem letzten Oktoberdrittel feststellen. Dass Corona für diese Entwicklung wenigstens mitverantwortlich ist, zeigen die Zahlen des Robert Koch-Institutes. Demnach sind von Januar bis Dezember des vergangenen Jahres 33 071 Menschen an und mit COVID-19 gestorben – davon zwei Drittel seit Anfang November.«

Wer das liest, könnte schnell zu der Erkenntnis kommen: Ja, wir hatten eine Übersterblichkeit, und diese liegt erheblich an Corona. Dem ist aber nicht so.

Denn es sind lediglich Rohdaten, das heißt, man muss diese Daten anpassen und auch einordnen.

Beginnen wir gleich mit einer nicht ganz trivialen Angelegenheit: der Unterscheidung an und mit COVID-19 verstorben. An COVID-19 verstorben heißt, dass jemand eine Infektion

---

[2] https://de.statista.com/infografik/21523/anzahl-der-sterbefaelle-in-deutschland/. Abgerufen am 07. Februar 2021.

mit dem Erreger SARS-CoV-2 hatte, deshalb an COVID-19 erkrankte und im Verlauf der Erkrankung verstarb. Mit CO-VID-19 verstorben hat eine völlig andere Bedeutung. Hier ist jemand mit der Diagnose COVID-19 verstorben. Dieser Patient war also bereits an COVID erkrankt und hat diese Erkrankung gut überstanden. Wenn er nun beispielsweise einen Schlaganfall bekommt und daran verstirbt, dann wird dieser Schlaganfallpatient den Verstorbenen mit COVID zugerechnet.

Vergleichbar wäre dies in etwa mit einer Infektion an Influenza, die der Erkrankte gut übersteht, dann aber zwei Wochen später an einem Herzinfarkt stirbt. Wollte man nun der Logik folgen, dann müsste man auch hier mit Influenza den Tod feststellen. Was natürlich noch nie so gemacht wurde. Seit Corona wird aber so gezählt. Es versteht sich also von selbst, dass nicht alle Coronatoten auch tatsächlich an Corona verstarben, dass also Corona die Todesursache war.

In Abbildung 4 können Sie in diesem Zusammenhang sehen, in welchen Altersgruppen Menschen an COVID-19 verstorben sind und wie überaus hoch dabei jeweils der Anteil der Patienten mit einer Vorerkrankung war.

Abb. 4: Sterbefälle pro 100 COVID-19-Infizierte

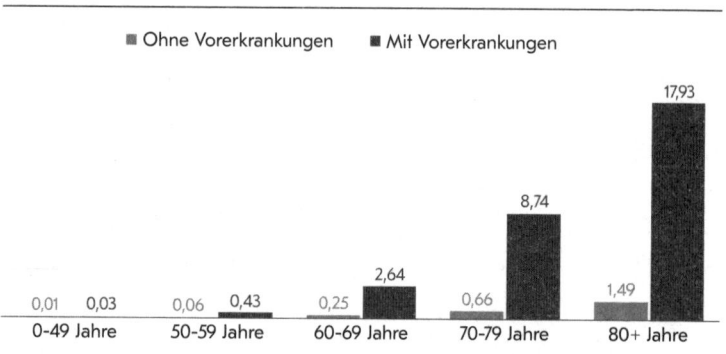

Quelle: RKI (Datenstand: Januar 2021), in Anlehnung an eine Grafik des ZDF

Ebenfalls wichtig ist zu erwähnen, dass das Jahr 2020 ein Schaltjahr war, das heißt, es gab aufgrund des 29. Februars einen Tag mehr. Nun kann man das für sehr kleinlich halten. Allerdings wirkt es schon nicht mehr so kleinlich, wenn man weiß, dass im Durchschnitt täglich 2500 bis 3000 Menschen pro Tag in Deutschland versterben.

Zudem ist es enorm wichtig zu verstehen, dass vor allem im Herbst des Jahres 2020 so gut wie keine Influenza diagnostiziert wurde. Insofern wurden viel weniger Influenzatote als in den vergangenen Jahren erfasst, was aber sicher nicht daran liegt, dass die Influenza ausgestorben wäre.

Als letzten und vielleicht wesentlichsten Punkt muss hier erwähnt werden, dass das Jahr 1940 ein geburtenreiches Jahr war. Das bedeutet, dass es im Jahr 2020 mehr Achtzigjährige als in den vergangenen Jahren gab. Und so traurig es auch ist: Wenn es mehr alte Menschen gibt, dann sterben auch mehr.

Abbildung 5 zeigt deshalb eine Grafik, angepasst nach Alter und Population, im Vergleich zu den anderen Jahren.

Abb. 5: Sterbefälle je 100 000 Einwohner (altersstandardisiert)

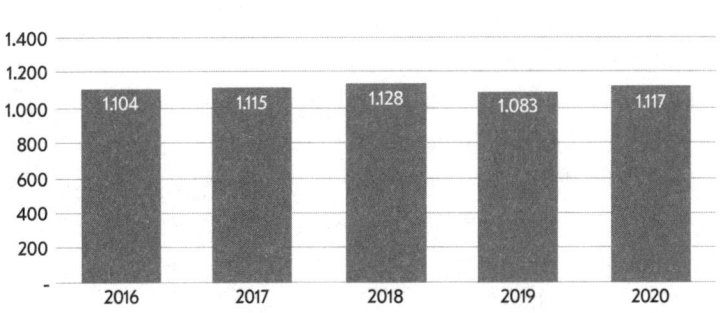

Quelle: Statistisches Bundesamt, 16. März 2021

Sie sehen dort Sterbefälle je 100.000 Einwohner inkl. Altersstandardisierung. Diese ist notwendig, weil der Vergleich von absoluten Sterbefallzahlen verschiedener Jahre nicht zielführend ist. Denn weder die wachsende Gesamtbevölkerung noch die Veränderungen der Demographie in der Bevölkerung werden dann berücksichtigt. Beides wirkt sich jedoch auf die Zahl der Sterbefälle aus.

In der Grafik lässt sich leicht erkennen, dass es im Jahr 2020 eben keine Übersterblichkeit durch Corona gab, auch wenn tatsächlich auf den ersten Blick mehr Menschen gestorben sind.

Es ist also immer gut, sich Zahlen genauer anzusehen, und nicht einfach nur blind darüber zu berichten.

Und obwohl diese Tatsache bekannt ist – und das unterstelle ich nun mal allen Fachexperten und Politikern –, werden die Maßnahmen verschärft und der Lockdown verlängert.

Narrativ 14: **Im Zweifelsfall gilt immer das Präventionsparadoxon**

Viele Maßnahmen, aber auch einige Versprechungen der Politik basieren auf Modellberechnungen. Doch für entsprechende Modellrechnungen benötigt man auch valide Zahlen, und die haben wir nicht.

Taugen nun Modelle, um Vorhersagen treffen zu können oder sogar Maßnahmen daraus abzuleiten? Aus meiner Sicht nicht. Die Versprechungen beziehen sich auf Modellrechnungen, die wiederum auf vielen Annahmen beruhen. Diese müssen mit validen Daten entwickelt und geprüft werden.

Modellrechnungen haben durchaus ihren Platz, vor allem in der Wissenschaft, nur muss man die Grenzen sehen und entsprechend umsichtig damit arbeiten.

Den Modellierern fehlt leider oft der fachliche Bezug zur Thematik. Physiker oder Physikerinnen, die ohne fundierte Erfahrung in Hygiene und Infektionsgeschehen solche Modelle entwickeln, laufen Gefahr, dass sie das menschliche Verhalten, besser gesagt, das menschliche Fehlverhalten in der gegenwärtigen Situation nicht ausreichend berücksichtigen.

Mit Beginn der Pandemie begannen Experten, düstere Szenarien zu zeichnen. Es würde alles schlimm und schrecklich werden. Die Krankenhäuser würden überlastet. Im Frühjahr 2020, im Sommer 2020, im Herbst 2020, im Winter 2020 und dann wieder im Frühjahr 2021 würden soundso viele Infizierte erwartet, und die Krankenhäuser und Intensivstationen würden volllaufen.

Glücklicherweise traf noch kein einziges Schreckensszenario ein. Warum nicht? Die Experten, die diese Szenarien ausgaben und später nach ihrer Fehleinschätzung gefragt wurden, begründeten diesen Nichteintritt mit dem sogenannten Präventionsparadoxon. Es bedeutet: Tritt ein vorhergesagtes Unglück nicht ein, dann nur deshalb, weil man ja davon wusste und es verhindern konnte. Im Fall der Pandemie traf die Apokalypse also deshalb nie ein, weil es immer wieder vorher einen gab, der davor warnte. Durch Maßnahmen konnte dann Schlimmeres verhindert werden.

Dieses Paradoxon wurde wirklich meisterhaft missbraucht. Und irgendwie erinnerten mich diese apokalyptischen Vorhersagen oft an die schönen Wochenenden, die ich als Jugendlicher auf einem Jahrmarkt verbrachte. Dort gab es eine Hellseherin. Sie las aus den Karten, aus der Hand und sah in eine Kugel. Immer wieder war ich fasziniert von der Kunst dieser Frau, und natürlich glaubte ich gerne an ihre übersinnlichen Kräfte. Dabei hat sie niemals selbst erwähnt, dass sie solche Kräfte hätte. Ich habe sie ihr zugeschrieben. Sie dagegen sagte lediglich, dass man die Menschen nur gut beobachten müsse, ihre Kleidung, ihren Schmuck, ihr Auftreten; der Rest sei dann ganz leicht. Gib den Menschen Hoffnung oder mache ihnen Angst, je nachdem, welcher Mensch gerade vor dir sitzt. Tritt die Vorhersage ein, dann liegt es an dem Wissen, das die Hellseherin ihrer Kundschaft weitergibt. Tritt die Vorhersage nicht ein, haben die Kunden sich nicht genau an eine bestimmte Prozedur gehalten.

Leider ist die Sache mit dem Präventionsparadoxon nicht ganz so einfach. Denn natürlich gibt es dieses Paradoxon. Aber bisher wurde es nur dann angenommen, wenn es durch evidenzbasierte Maßnahmen eintrat; Beispiel Hygiene im Operationssaal. Die Notwendigkeit von hygienischen Maßnahmen im OP wird wohl niemand mehr ernsthaft anzweifeln.

Bei den Maßnahmen in der Pandemie waren nur wenige Maßnahmen wirklich evidenzbasiert. Das Verhindern einer Virusübertragung durch das Tragen von Community-Masken konnte nicht evidenzbasiert bewiesen werden. Es wurde angenommen. Und es wurde im Zusammenspiel mit Händehygiene und Abstandhalten zum wirksamen Schutz erklärt. Vielleicht hatten ja Abstand und eine gute Händehygiene einen größeren Anteil als die Masken. Niemand kann aber wirklich sagen, welche Maßnahmen nun tatsächlich gewirkt haben, um die Apokalypse zu verhindern. Deshalb sprach man gerne sehr allgemein vom Präventionsparadoxon.

Zudem wurden die schrecklichen Zukunftsszenarien gerne auch auf grundsätzlich falschen Überlegungen aufgebaut, zum Beispiel der Zahl der Infizierten oder der Todesfälle. Das ist üblich, aber eben auch sehr unzuverlässig.

Narrativ 15: **Wir können das Virus wegsperren (Zero Covid und No Covid)**
Wie unrealistisch Modelle sein können, zeigt sich an der sogenannten Zero-Covid-Strategie. Diese Strategie verfolgt folgenden Ansatz: Die sogenannte Sieben-Tage-Inzidenz pro 100 000 Einwohner soll auf einen Wert von Null gedrückt werden. Dazu müssten allerdings alle nicht dringend erforderlichen Bereiche der Wirtschaft für eine gewisse Zeit stillgelegt werden, beispielsweise Schulen und Büros, Fabriken, aber auch nicht notwendige Bauarbeiten. Diese Strategie muss natürlich auch finanziert werden, Und diese Finanzierung soll durch eine COVID-Solidaritätsabgabe durch Besserverdienende erfolgen.

Zeitgleich wurde dazu auch eine andere Strategie diskutiert. Die No-Covid-Strategie. Sie fordert eine Inzidenz unter zehn und erlaubt dann, wo dies gelingt, grüne Zonen mit mehr Freiheiten. In Ländern wie Australien oder Neuseeland habe dies angeblich funktioniert.

Theoretisch sind beide Strategien vielleicht machbar. Allerdings sind beide auch lebensfremd und brächten hohe Folgeschäden mit sich. Es ist geradezu ein Irrglaube, dass man ein Virus wegsperren könne. Vor allem in der typischen Erkältungszeit wird das so nicht gelingen. Aber auch die Folgeschäden einer derart strikten Senkung der Inzidenzgrenze wären unverhältnismäßig zu dem Schaden, den dieses Virus in der Allgemeinbevölkerung anrichtet.

Gerne werden diese Strategien am Beispiel anderer Länder als besonders wirkungsvoll dargestellt. Das ist aber ein Vergleich mit Äpfeln und Birnen. Australien ist beispielsweise auf der Südhalbkugel, und während wir in Deutschland Winter haben und uns die Erkältungswelle grundsätzlich erwischt, haben die Australier Sommer. Und naturgemäß spielen im Sommer respiratorische Erreger bei der Ausbreitung eine untergeordnete Rolle. Zudem liegt Australien als Kontinent frei und kann Ein- und Ausreisen viel besser kontrollieren.

Auch ein Vergleich mit asiatischen Ländern ist nicht zulässig. In diesen herrscht eine andere Kultur in Bezug auf Politik und Miteinander. Die Mehrheit der Bevölkerung dort fügt sich leichter dem politischen System und begehrt weniger schnell auf. Insofern können wir uns nicht mit diesen Ländern vergleichen. Aber wir Menschen neigen dazu nur allzu gerne und machen damit einen enormen Denkfehler.

Ein Fehler, der sich wie ein roter Faden durch entsprechende Annahmen zieht, weil Ursachen falsch zugeordnet werden. Bei Ländern, die scheinbar erfolgreich sind, werden im Nachhinein daraus Erfolge modelliert, obwohl der Erfolg dieser Maßnahmen nicht wissenschaftlich belegt wurde.

Narrativ 16: **Faktenchecker checken Fakten**

Es gibt also angeblich jemanden, der die Fakten checkt. Alleine die Begrifflichkeit »Faktenchecker« impliziert ja geradezu Fachkompetenz. Leider ist dem nicht so. Meist sind Faktenchecker nicht aus dem Fach, aus dem sie gerade die Fakten checken sollen. Zuweilen haben einige Faktenchecker gar keine Erfahrung mit Wissenschaftsthemen und sind auch keine forschenden oder lehrenden Wissenschaftler. Und diese Nichtfachleute sollen nun Aussagen von Fachexperten überprüfen? Das ist verkehrte Welt und kann in die Hose gehen.

Ein schönes Beispiel für eine völlige Verdrehung der Medizin war die Aussage eines sogenannten Faktencheckers, der darstellte, dass eine Infizierung mit Corona nicht von einem funktionierenden oder geschwächten Immunsystem abhinge, sondern davon, ob man Virus-Aerosole einatme oder eben nicht. Bei Einatmung dieser Virus-Aerosole infiziere man sich und sei in der Folge auch potenziell ansteckend. Das könne auch ein gutes Immunsystem nicht verhindern.

Diese Behauptung ist natürlich medizinischer Unsinn. Die Aufnahme eines Erregers kann ein Immunsystem nicht verhindern, aber das Virus kann durch ein gutes und trainiertes Immunsystem sehr wohl gut bekämpft werden.

Würde man exakt der Aussage des Faktencheckers folgen, müsste auch jede geimpfte Person als infiziert gelten, denn auch Geimpfte nehmen Erreger auf. Eine Impfung schützt ja nicht vor der Aufnahme, sondern soll vor der Infektion schützen.

Und natürlich spielt das Immunsystem eine entscheidende Rolle im Falle einer bereits bestehenden Erkrankung.

Faktenchecker sind also oft keine Fachspezialisten und haben ihre Erkenntnisse aus einer Google-Recherche. Leider behandeln die Medien die Faktenchecker wie echte Profis und räumen ihnen sehr viel Raum ein.

Narrativ 17: In den Krankenhäusern wird Triage notwendig werden

Mit dem Wort Triage wurde die Bevölkerung stark verunsichert. Plötzlich sprach man davon, dass aufgrund von vielen COVID-19-Patienten in manchen Kliniken eine Triage notwendig werde. Die Medien erklärten, was eine Triage ist, und einige Experten bestätigten sogar, dass eine Triage bevorstünde.

Der Begriff der Triage kommt aus der Notfall- und Katastrophenmedizin und bedeutet so viel wie sichten oder sortieren. Dabei geht es um die Auswahl von Erkrankten und Verletzten, die nach Kriterien wie Dringlichkeit oder Überlebenschancen bei knappen Ressourcen kategorisiert werden.

Ein typisches Beispiel dafür ist eine sehr große Anzahl von Verletzten, beispielsweise bei einem Massenunfall. Es versteht sich von selbst, dass nicht alle Verletzten gleichzeitig behandelt werden können. Deshalb werden sie gesichtet und in Kategorien eingeteilt. Wer leicht verletzt ist, kann warten. Wer so schwer verletzt ist, dass seine Überlebenswahrscheinlichkeit sehr gering ist, wird ebenfalls nicht sofort behandelt. Das mag Sie jetzt vielleicht schockieren. Allerdings ist dieses Vorgehen wichtig, denn außerhalb von Krankenhäusern, wo sich diese Massenunfälle meistens ereignen, hat man sehr wenig Ressourcen, die sinnvoll eingesetzt werden müssen. Und das bedeutet nun mal, dass zunächst die Patienten versorgt werden, die eine reelle Chance auf Überleben und Wiedergenesung haben.

Was bei der Diskussion über eine Triage im Krankenhaus völlig ausgeblendet wurde, ist Folgendes: Schon seit langer Zeit machen die Notaufnahmen eine Triage, denn wer in eine Notaufnahme kommt, weil er sich in den Finger geschnitten hat, muss eben warten, wenn zur gleichen Zeit ein Patient mit Herzinfarkt eingeliefert wird. In jeder Notaufnahme gibt es sogenannte Stoßzeiten mit einem höheren Aufkommen an Patienten. Auch da muss triagiert werden.

Das bedeutet aber nicht, dass nun die sehr Kranken oder Gebrechlichen sterben müssen. Gerade in einem Krankenhaus sind Versorgung und Ressourcen um ein Vielfaches höher als auf dem freien Feld. Und es gab zu jeder Zeit der Pandemie freie Intensivbetten und ausreichend Beatmungsplätze in Deutschland. Und mit der Diskussion um eine Triage wurden die Gemüter weiter erhitzt. Plötzlich befürchteten viele, dass Behinderte, Alte und Demente keinen Intensivplatz oder ein Beatmungsbett bekämen. Natürlich war das nicht so. Aber mit diesem einen Begriff eskalierte die Panik in der Pandemie weiter. Und dabei war das völlig unnötig.

Narrativ 18: Schweden ist gescheitert
Das ist bis heute nicht der Fall. Schweden ist nicht gescheitert. Vielleicht hätte man das gerne gehabt, weshalb dieses Narrativ so häufig gebraucht wurde. Gar von einer Kapitulation Schwedens wurde berichtet. Hier schien besonders die Missgunst zu greifen.

Von Beginn der Pandemie an führte der oberste Staatsepidemiologe, Anders Tegnell, mit einem Sonderweg durch die Krise. Schweden machte keinen Lockdown, die Menschen durften andere Menschen treffen, die Geschäfte und Schulen blieben geöffnet, es gab keine Maskenpflicht. Gelegentlich wurden ein paar Einschränkungen gemacht. Die Anzahl der sich treffenden Personen wurde begrenzt, und in der Oberstufe der Schulen gab es Homeschooling.

Aber alles in allem waren die Schweden lockerer, und Tegnell nahm sein Volk mit. Ununterbrochen erklärte er sein Tun und schaffte damit Vertrauen in der Bevölkerung. Trotz aller Bemühungen haben die Verantwortlichen in Schweden auch Fehler gemacht. Am Anfang der Pandemie bekamen, wie bei uns auch, die Alten und Pflegeheime keinen ausreichenden Schutz. Weshalb dort im Vergleich zu uns mehr Todesfälle zu beklagen waren. Doch diesen Fehler räumte der Staatsepidemiologe unumwunden ein, und Schweden machte es bei der nächsten Welle deutlich besser.

Zum aktuellen Zeitpunkt steht Schweden, was die Anzahl der Todesfälle anbelangt, nicht schlechter da als wir in Deutschland. Mit dem großen Unterschied, dass die Deutschen physisch und psychisch angeschlagen sind und wirtschaftlich taumelnd das Ende der Pandemie herbeisehnen. Schweden hat relativ früh begriffen, dass die Menschen für das Überstehen dieser Pandemie einen langen Atem brauchen werden und die Bevölkerung unbedingt miteinbezogen werden muss. Schweden setzte viel auf Eigenverantwortung, weniger auf Drohungen und Druck. Schweden ist nicht gescheitert, die Aussagen über Schweden allerdings schon.

Narrativ 19: **Es gibt eine Welle**
Es wird eine Welle kommen. Die zweite Welle naht. Wir stehen am Anfang einer unsichtbaren Welle. Die dritte ist da. Der Wellenbegriff wurde zum Synonym der Apokalypse. Und so, wie sich eine Welle physikalisch in der Natur ausbreitet, so verbreitete sich dieser Begriff, ohne jemals genau definiert worden zu sein. Nun kann man anmerken, dass eine Welle nun mal eine Welle sei. Richtig. Nur, eine Welle lässt in diesem Zusammenhang sofort einen Tsunami vor dem geistigen Auge ablaufen. Prinzipiell kann ich in einem Koordinatensystem schnell und ohne viel Aufwand mit wenigen Fällen eine Welle darstellen. Alles nur eine Darstellungsfrage.

Warum also wurde dieser Begriff so benutzt und niemals exakt definiert? Bei der Grippe beispielsweise wissen die Gesundheitsämter sofort, wann eine Welle beginnt, nämlich dann, wenn in den Überwachungspraxen etwa jede fünfte Probe auf Influenza positiv ist, also eine Positivenrate von zwanzig Prozent verzeichnet wird. Dann wird vom Beginn der Influenzawelle gesprochen. Für Corona wurde dies nicht definiert. Ein Politiker oder Experte erwähnte eine kommende Welle, und alle anderen plapperten es brav nach.

Niemand hinterfragte genau, was denn eine Welle sei. Das war vielleicht zu trivial, denn die gespenstisch aussehenden Wellen in den Grafiken sprachen ja bereits für sich. Hätte doch nur mal jemand in einer Talkshow kritisch gefragt. Würde nämlich die Definition der Grippewelle bei Corona greifen, hätten wir in Deutschland nie eine Coronawelle gehabt. Die Positivenrate von SARS-CoV-2 lag zu keiner Zeit bei über zwanzig Prozent.

Narrativ 20: Es gibt einen Schuldigen

Das Schuld-Narrativ wog besonders schwer. Sogar in den sozialen Medien gab es einen sogenannten Hashtag: #Schwere-Schuld: Was sollte das bedeuten? Ich kann mich an keinen einzigen respiratorischen Erreger erinnern, bei dem wir plötzlich die Schuldfrage bei der Erhöhung von nachgewiesenen Labormeldungen gestellt hätten. Bei über achtzig Prozent aller Erkrankten rief SARS-CoV-2 nicht mehr als Erkältungssymptome hervor. Trotzdem war die Bevölkerung in Angst und Schrecken. Und wer Angst und keine Erklärung für die Situation hat, nimmt dankbar zur Kenntnis, dass es immerhin einen Schuldigen für diese schlimme Situation gibt. Schuldige wurden zahlreich gefunden.

Es war die Rede von sogenannten Pandemietreibern, also Menschen, gerne auch mal Objekten, die das Infektionsgeschehen erhöhten. Wenn die Zahlen anstiegen, brauchte es Schuldige, und davon gab es mehr als genug. Kinder, Schulen, Erntehelfer, Schlachthofmitarbeiter, Jugendliche, Urlauber, Reiserückkehrer aus ihren Heimatländern, Schlittenfahrer und andere, also jene, die sich angeblich nie an die Maßnahmen halten würden. Dieser Personenkreis wurde also zur personifizierten Schuld in der Pandemie.

Noch im Jahr 2019 hätte ich darüber gelacht. Heute weiß ich, wie bitterernst diese Schuldfrage ist, denn ich habe sie mehrmals erlebt. Bei zahlreichen Anrufen von besorgten Bürgern wurde das Gesundheitsamt darüber informiert, dass der Nachbar am Wochenende mit Gästen gegrillt hätte und eine Person sogar verdächtig gehustet habe. Nun sei der Anrufer positiv getestet worden. Krank sei er nicht, er fühle sich auch wohl. Aber er wüsste nicht, wie es zum positiven Laborbefund kommen konnte. Es könne nur der Nachbar gewesen sein. Eine andere Erklärung gebe es dafür nicht.

Als die ersten Schulkinder positiv getestet wurden, haben meine Mitarbeiter und ich in jeder Schule abends eine Informationsveranstaltung für die Eltern abgehalten. Nicht eine Veranstaltung verging, ohne dass direkt vor versammelter Elternschaft oder danach in einem Vieraugengespräch die Schuldfrage gestellt wurde. Es wurde also von mir erwartet, dass ich das positive Kind beim Namen nenne und außerdem darüber informiere, ob das Kind mit seinen Eltern beispielsweise im Urlaub gewesen war. Denn die Politik hatte den Menschen ins Gehirn gepflanzt, die Urlaubsrückkehrer würden das Virus mitbringen. Nicht selten wurde das Gesundheitsamt auch aufgefordert, anständig zu ermitteln, denn dieses positive Kind hätte sich sicher nicht an die Regeln gehalten. Sie dürfen mir ruhig glauben, dass ich in diesen Momenten weder meine Arbeit noch meine Mitmenschen attraktiv fand.

Narrativ 21: **Schnell- und Massentests bringen uns aus der Krise**

Die sogenannten Schnelltests in Massenanwendung sollten uns aus der Krise bringen. Die Grundannahme war die, dass man vor allem diejenigen herausfinden könnte, die zwar asymptomatisch, aber trotzdem Virusträger waren. Zum Narrativ der asymptomatischen Übertragung lesen Sie bitte Narrativ 3 weiter oben.

Im Laufe der Pandemie wuchs das Bedürfnis der Bevölkerung auf ein schnelles Testen. Die Politik griff diesen Gedanken gerne auf, und inzwischen gibt es neben dem PCR-Test auch andere Testmöglichkeiten. Allerdings ist eine allgemeine Testung bei jedem Menschen, vor allem, wenn dieser auch noch ohne Symptome ist, völlig unsinnig.

Auch nach der aktuellen Empfehlung des RKI gilt immer noch, dass sich Menschen mit typischen Symptomen testen lassen sollen. Daneben gibt es weitere Gründe, beispielsweise wenn man als Kontaktperson gilt oder generell in einem Ausbruchsgeschehen involviert ist. Aber in diesen Fällen wird das zuständige Gesundheitsamt auf Sie zukommen.

Blindes und unkontrolliertes Testen führt nicht zu einer Verbesserung des Gesundheitszustandes. Das Prinzip der Medizin, dass wir nur Menschen behandeln und keine Laborbefunde und dass wir auch nur kranke Menschen behandeln und dabei Untersuchungen anstellen (natürlich gibt es auch hier Ausnahmen), wird seit Corona nicht mehr beachtet.

Folgende Testverfahren können durchgeführt werden:
- PCR-Tests: Die Proben werden in Laboren analysiert.
- Antigen-Schnelltests: Funktionieren mit einer Testkartusche, ähnlich einem Schwangerschaftstest. Abstriche werden aus Nase oder Rachen von geschultem Personal durchgeführt, beispielsweise in einem Krankenhaus oder einem Heim. Auswertung erfolgt vor direkt vor Ort.
- Corona-Selbsttest: Kann von Privatpersonen durchgeführt werden und ist dem Antigentest identisch. Der Proband muss sich selber die Probe, meist aus Nase oder Speichel, entnehmen.

Bei allen Tests ist wichtig, wie aussagekräftig sie sind. Dabei werden gerne die Begriffe Sensitivität und Spezifität gebraucht. Ohne nun genauer ins Detail zu gehen, möchte ich die beiden Begriffe kurz erklären und aufzeigen, von was die Genauigkeit eines Tests abhängt.

Vereinfacht sagt Ihnen die Sensitivität, mit welcher Wahrscheinlichkeit der Test kranke Personen auch als korrekt krank erkennt.

Die Spezifität sagt Ihnen, mit welcher Wahrscheinlichkeit eine gesunde Person auch als solche richtig erkannt wird.

Hier mal ein Beispiel: Bei einem Test mit 99-prozentiger Sensitivität werden also 99 von hundert Infizierten erkannt, einer wird nicht erkannt. Diese eine Person erhält also nun ein negatives Testergebnis, obwohl sie infiziert ist. Die Sensitivität sucht also die Kranken.

Bei einem Test mit 97-prozentiger Spezifität werden 97 von hundert Gesunden als gesund erkannt. Drei von hundert erhalten aber ein positives Testergebnis, obwohl sie nicht infiziert sind. Die Spezifität zielt also auf die Gesunden ab.

Sie merken nun schon, worauf ich hinaus möchte. Bei einem Test mit einer Spezifität von 97 Prozent werden bereits drei von hundert Personen als falsch positiv gewertet. Im Falle der Pandemie werden nun von hundert Menschen drei in Quarantäne gehen, obwohl sie eigentlich gesund sind! Aber nicht nur diese drei gehen in Quarantäne. Auch die Kontaktpersonen der drei Positiven gehen ja in Quarantäne. Wenn Sie nun mal annehmen, dass jeder Positive im Schnitt drei Kontaktpersonen hat, dann erkennen Sie hoffentlich, wie schnell viele Menschen plötzlich in Quarantäne verbringen müssen. Werden nun täglich Hunderttausende getestet, dann mag sich jeder selbst die Zahl derer ausrechnen, die völlig unnötig in Quarantäne gehen müssen.

Es gibt aber noch andere Kriterien, die bei Tests beachtet werden müssen.

Denn ob ein erhaltenes positives Testergebnis in Wirklichkeit falsch positiv ist, hängt sehr stark von der Vortestwahrscheinlichkeit ab. Diese Wahrscheinlichkeit beschreibt, dass in der getesteten Personengruppe auch tatsächlich jemand infiziert ist. Es macht also einen enormen Unterschied, ob man symptomatische Personen testet oder ob man blind in einer großen Gruppe testet.

Je höher die Vortestwahrscheinlichkeit ist, umso kleiner ist die Wahrscheinlichkeit, dass ein positives Testergebnis in

Wahrheit falsch positiv ist. Man minimiert also das Risiko eines falschen Testergebnisses, wenn man nur symptomatische Menschen testet. Das ist logisch und gut, denn damit hält man die falsch positiven Ergebnisse niedrig, und es müssen nicht allzu viele Menschen unnötig in Quarantäne.

Ist aber nun die Vortestwahrscheinlichkeit niedrig, also wenn beispielsweise alle Kinder ohne Symptome vor der Schule getestet werden, dann erhöht sich die Wahrscheinlichkeit, dass ein Testergebnis falsch positiv ist. Man erhöht also das Risiko für ein falsch positives Testergebnis und bringt damit mehr positive Ergebnisse hervor, allerdings eben falsche. In der Konsequenz gehen sowohl die falsch positiv Getesteten in Quarantäne als auch deren Kontaktpersonen.

Auch die korrekte Probenentnahme ist elementar und kann Testergebnisse verfälschen. Viren sind im Nasen- und Rachenraum nicht gleich verteilt. Wenn die Probenentnahme durch sachunkundiges Personal durchgeführt wird, dann kann es eben zu einem negativen Testergebnis kommen, weil der Probennehmer etwa nur die seitliche Wangenschleimhaut abstreicht.

Narrativ 22: **Die Pandemie in der Pandemie**

Als sei eine Pandemie nicht schon genug, um viele Menschen in Angst und Schrecken zu versetzen: Bundeskanzlerin Merkel sprach im März 2021 anlässlich der Verlängerung des Lockdowns gleich von einer »neuen Pandemie«. Denn die Mutation B.1.1.7 aus Großbritannien sei »deutlich tödlicher, deutlich infektiöser« und »länger infektiös.« Diese markigen Worte fanden natürlich medial große Aufmerksamkeit.

Gab es nun tatsächlich eine neue Pandemie? Natürlich nicht. Die alte Pandemie wurde noch nicht für beendet erklärt, und eine neue wurde auch nicht von der WHO ausgerufen. Über die Normalität von Mutationen habe ich bereits weiter oben schon geschrieben. Keineswegs war zum Zeitpunkt der Aussage auch bereits gesichert, dass die Mutation deutlich tödlicher, infektiöser und länger infektiös war. Aktuell weisen wissenschaftliche Untersuchungen darauf hin, dass die britische Mutante keineswegs schwerere Verläufe zeigt oder gar tödlicher ist.

Aber die Politik hatte es eben mal kurz behauptet. Wirklich gesichert war diese Aussage nicht. Und so waberte eine Zahl durch die Medien, in der angeblich die Mutation das Sterberisiko um etwa fünfzig Prozent erhöhte. Aber was bedeutete das?

Angenommen, diese fünfzig Prozent wären eine korrekte Annahme. Läge nun ein hypothetisches Sterberisiko eines durchschnittlichen Menschen bei 0,05 Prozent, dann würde dieses Sterberisiko wegen der Mutante plötzlich bei 0,075 Prozent liegen. Das Risiko ist also um fünfzig Prozent gestiegen, die Aussage ist somit korrekt, aber die Formulierung ist irreführend. Denn viele in der Bevölkerung dürften das nun so verstehen, dass von hundert Menschen plötzlich fünfzig sterben müssten; das wäre aber falsch. Ich finde es sehr wichtig, dass man Zahlen nicht einfach in die Öffentlichkeit trägt, ohne diese genauer zu erklären. Mag sein, dass dies nicht absichtlich passiert. Dann muss ich aber davon ausgehen, dass die Menschen, die diese Zahlen präsentieren, den Bezug zur Realität und zur Basis verloren haben. Denn sicher wird nicht jeder Bürger in der Lage sein, diese Zahlen korrekt einzuordnen. Vor allem auch deshalb nicht, weil sie die Basiszahl nicht kennen.

Wissen Sie, liebe Leser, wie hoch in etwa die Wahrscheinlichkeit eines Menschen zwischen null und 49 Jahren, ohne Vorerkrankung, ist, an COVID-19 zu versterben? Die Zahl habe ich einer Grafik aus »ZDF heute« entnommen. Titel: »Corona: Wer ist besonders gefährdet?« Quelle dafür war das Robert Koch-Institut, Januar 2021.

Hier die Auflösung: 0,01 pro hundert Corona-Infizierte. Nun können Sie sich selbst ausrechnen, was eine höhere Sterblichkeit um fünfzig Prozent bedeutet.

Narrativ 23: **Die Impfung schützt**
Im November 2020 kam die erlösende Nachricht in der Pandemie: Endlich gibt es einen Impfstoff. Was sage ich: Es gab gleich drei Impfstoffhersteller, die ihre Ergebnisse präsentierten. Die Angaben zur Wirksamkeit der drei Impfstoffe gingen auseinander. Aber bei allen dreien lagen die Angaben über die Wirksamkeit bei über neunzig Prozent.

Nun dachten sicher die Ersten unter Ihnen, dass so automatisch neun von zehn Geimpften gegen das Virus geschützt seien. Auch die Medien berichteten so ähnlich darüber und sprachen oft von »Wer geimpft ist, ist geschützt« oder aber »Die Impfung wirkt« – ohne leider diesen Schutz in irgendeiner Weise mit einer Zahl zu belegen.

Und damit betreten wir nun erneut das Feld der Zahlen und der Worte. So schrieben beispielsweise Biontech und Pfizer in einer deutschsprachigen Presseerklärung, dass der jeweilige Impfstoff in einer Zwischenanalyse sich mit mehr als neunzig Prozent wirksam im Schutz vor COVID-19-Erkrankungen erwiesen hätte. Das erweckte natürlich den oben beschriebenen Eindruck, als wären neun von zehn Menschen geschützt.

Werfen wir mal einen Blick auf den Studienablauf von Biontech und Pfizer. Es nahmen etwa 44 000 Freiwillige an der klinischen Studie teil. Etwa die Hälfte davon bekam ein Placebo, also ein Mittel ohne Wirkstoff, die andere Hälfte den Impfstoff. Alle Freiwilligen bekamen jeweils zwei Dosen verabreicht. Danach wurde gewartet, ob sich Teilnehmende infizieren – und es wurde so lange gewartet, bis 164 Personen aus dieser Studie positiv getestet wurden. Das war quasi das Ziel.

Als nun 170 positive Fälle feststanden, publizierten Biontech und Pfizer die ersten Ergebnisse. Dabei schlüsselten sie die 170 positiven Fälle wieder auf. Aus der geimpften Gruppe hatten sich nur acht Personen infiziert, die restlichen 162 Infizierten kamen aus der Placebo-Gruppe.

Setzt man nun die Zahl 162 ins Verhältnis zu der Zahl acht, dann bekommt man die erwähnte (fünfundneunzigprozentige) Wirksamkeit. Damit wurde suggeriert, dass diese Wirkung neun von zehn Menschen schützt. Das ist aber nur eine Halbwahrheit, denn wir sehen hier nur die relative Wirksamkeit. Dieses Ergebnis ist eben nicht auf die Realität, also die absolute Wirksamkeit, zu übertragen.

Rufen uns wir noch einmal die Zahlen ins Gedächtnis. Etwa 44 000 Personen nahmen an der Studie teil, und nur 170 infizierten sich. Das bedeutet im Umkehrschluss, dass sich nur ein kleiner Teil insgesamt infiziert hat. Mehr als 99,5 Prozent der Teilnehmer aus beiden Gruppen steckten sich erst gar nicht an, völlig unabhängig davon, ob sie geimpft waren oder eben nicht.

Völlig klar ist aber auch, dass die Sterblichkeit bei älteren Menschen nach der Impfung deutlich zurückging.

Narrativ 24: Tests an Schulkindern brechen die Welle
Maßnahmen an Kindern wurden und werden weiterhin sehr emotional diskutiert. Zu Recht. Kinder mit Masken am Unterricht teilnehmen zu lassen, halte ich nach wie vor für ein unsinniges Unterfangen.

Nun aber kam die Testpflicht für Schulkinder. Kinder sollten sich also in der Schule und vor dem Unterricht selbst testen. Die Bayerische Staatsregierung führte nach Ostern 2021 eine Testpflicht zur Teilnahme am Unterricht ein. Zunächst hatte das Bundesland Sachsen diese Pflicht eingeführt. Neben Bayern zogen dann auch andere Bundesländer nach. Vor dieser Pflichteinführung gab es die freiwillige Möglichkeit eines Tests für Schulkinder. Offenbar fehlte hierfür die Akzeptanz, woraufhin verpflichtende Tests eingeführt wurden.

Kinder, zumindest in Bayern, sollten sich also in Schulräumen unter Aufsicht einer Lehrkraft selbst testen. Dazu sollten sie ein Stäbchen in die Nase führen und danach in eine Flüssigkeit eintauchen. Das klingt zunächst einfach und wurde in entsprechenden Pressekonferenzen von Politikern auch so kommuniziert. In Wahrheit ist der Vorgang allerdings viel komplexer.

Ich bezweifle stark, dass Grundschüler, vor allem in den ersten beiden Klassen, sich selbst richtig testen können. Die Testgenauigkeit hängt entscheidend von der Qualität der Abnahme ab. Diese Kompetenz schreibe ich den wenigsten Kindern in diesem Alter zu. Auch die ordnungsmäßige Entsorgung des Stäbchens und der Flüssigkeit, ohne dabei zu schmieren, ist vor allem Sechs- bis Achtjährigen nicht zuzumuten. Zu bedenken ist, dass sich eventuell tatsächlich SARS-CoV-2-Erreger auf den Materialien befinden und damit andere infiziert werden könnten. Nach der Testaktion sollten meiner Meinung nach die Tische wischdesinfiziert werden. Wer würde das machen? Wieder die Kinder? Wohl kaum. Also werden es die Lehrkräfte übernehmen müssen. Bis ein Testergebnis vorliegt, vergehen etwa zwanzig Minuten. Mit Vor- und Nachbereitung geht sehr wahrscheinlich pro Testzyklus eine Schulstunde verloren.

Viele Fragen stellen sich in diesem Zusammenhang: Was wird aus den Schülern, die positiv sind? Wer wird sich um diese Kinder kümmern? Diese Kinder werden sicher in Angst und Sorge sein, vor allem die jüngeren. Wer wird diesen Kindern beistehen? Es herrscht doch aktuell schon große Angst und Sorge vor Ansteckungen in der Schule.

Wenn ein Kind nach der positiven Testung nicht mehr am Unterricht teilnimmt, ist für die ganze Klasse erkennbar, dass es positiv war. Bleibt dieses Kind mehrere Tage dem Unterricht fern, dann kennen die Klassenkameraden automatisch die Diagnose des positiven Kindes. Hier sehe ich neben der Verletzung des Datenschutzes und der Privatsphäre auch eine klare Stigmatisierung jedes einzelnen Kindes, und ich habe große Sorge, dass diese Kinder zu Opfern der Klassengemeinschaft werden.

Weiterhin habe ich an der Rechtmäßigkeit der Testpflicht große Zweifel, da diese der bisherigen Rechtsprechung des Bayerischen Verwaltungsgerichtshofes widersprach. Der BayVGH entschied nämlich im März 2021, dass eine regelmäßige Testpflicht für Mitarbeiter von Alten- und Pflegeheimen rechtswidrig ist. Insofern sollte diese Rechtswidrigkeit auch für Schüler gelten. Zudem tragen Schüler nicht überproportional zum Infektionsgeschehen bei. Auch schwere Krankheitsverläufe sind bei Schülern extrem selten zu verzeichnen. Der Anstieg der Infektionszahlen bei Schülern liegt an den hohen Testzahlen in dieser Gruppe. Es wird wieder nicht, wie bereits beschrieben, zwischen krank und nur positiv getestet unterschieden. Außerdem gehe ich bei den Schnelltests von einer sehr hohen Rate an falsch positiven Testergebnissen aus. Viele der zunächst positiv getesteten Kinder wären also gar nicht positiv und würden völlig grundlos in Angst und Sorge versetzt.

Narrativ 25: **Es gibt keine Alternative zum Lockdown**

Diese Alternativlosigkeit spukte durch die gesamte Pandemie. Gleich einem Mantra wurde sie aufgesagt – immer dann, wenn es zu Regelverschärfungen oder einer Verlängerung des Lockdowns kam.

Woran könnte es nun liegen, dass diese Sichtweise Einzug hielt? Es ist relativ einfach: Es fehlen Mut und Kreativität. Hierzu fällt mir das bekannte Zitat ein: »Wer als Werkzeug nur einen Hammer hat, sieht in jedem Problem einen Nagel.« Es zeigt das Problem der Alternativlosigkeit sehr deutlich auf. Wer mit dem Hammer der Alternativlosigkeit zuschlägt, der braucht wenig Widerspruch zu fürchten. Wenn irgendetwas bereits alternativlos ist, dann muss man sich nicht mehr mit anderen Lösungen auseinandersetzen. Scheinbar wurden ja bereits andere Lösungen gesucht, vielleicht sogar gefunden, überprüft und dann aber wieder verworfen, weil eben angeblich nicht tauglich. Das erleichtert dem Menschen das Leben enorm. Er wird von seiner Verpflichtung, selbst zu denken und nach Lösungen zu suchen, entbunden. Ob nun die Bundesregierung dieses Wort der Alternativlosigkeit bewusst einsetzte oder eben der Metapher des Hammers zum Opfer fiel, kann ich nicht beurteilen.

Für mich war schnell erkennbar, dass wenig Wissen über den eigentlichen Nutzen der einzelnen Maßnahmen oder des Lockdowns vorlag. Es ist aktuell von keiner einzigen neuen Verordnung gesichert bekannt, ob sie überhaupt einen Nutzen hat. Es gibt seit Corona viele unspezifische Maßnahmen, deren Nutzen wir nicht kennen, dafür aber sehen wir, dass die Maßnahmen ungeheuerlichen Schaden bei Menschen und in der Marktwirtschaft anrichten. Diesen Blick auf das Ganze haben Epidemiologen. Wir schauen auf das gesamte Volk, auch auf den Schaden, den die Maßnahmen anrichten können.

Und um Ihnen zu zeigen, dass es zu einem Lockdown eben doch Alternativen gäbe, möchte ich hier eine vorstellen, die weniger einschneidend für alle wäre:

Zunächst müssen wir uns von der Vorstellung verabschieden, dass der Mensch ein Virus unter Kontrolle bringen könnte. Viren verteilen sich zumeist diffus und chaotisch. Der Mensch wünscht sich Kontrolle, die gibt es in der Virologie aber nicht. Ein erster wichtiger Schritt ist, diese Erkenntnis anzunehmen.

Der nächste Schritt ist, das Augenmerk auf sogenannte Cluster zu richten, also Infektionsherde. Einzelne Infektionsketten nachzuverfolgen, ist unsinnig und kostet viel zu viel Zeit und Personal. Ein Lockdown kann diese diffuse Verbreitung nicht aufhalten. Er könnte sogar das Infektionsgeschehen verstärken, weil sich die Menschen hauptsächlich zu Hause und nur noch in geschlossenen Räumen aufhalten.

Insofern wäre es enorm wichtig, dass Menschen das Freie aufsuchen dürfen. Eine Ansteckung in der freien Natur ist fast ausgeschlossen. Wenn in allen öffentlichen Räumen, Geschäften, Lokalen, Hotels und Sportanlagen sogenannte Raumluftfilteranlagen angebracht würden, bräuchte es auch keine Masken mehr in den Innenräumen, und das Leben könnte wie gewohnt weitergehen. Natürlich kosten diese Raumluftanlagen Geld. Aber mit einer staatlichen Subvention und Eigenbeteiligung der Geschäfte oder Einrichtungen wäre das durchaus finanzierbar und mit Sicherheit nicht so verlustreich wie die bisherigen Maßnahmen samt Lockdown.

Epilog: Unser altes Leben ist vorüber

Die letzten Zeilen dieses Buches schreibe ich kurz nach Ostern 2021. Mein Gefühl, meine Wahrnehmung in dieser Zeit: Deutschland ist mit den Ideen der Pandemiebekämpfung am Ende. Die Regelungen in Deutschland sind mittlerweile so unübersichtlich und unlogisch, dass die wenigsten Menschen damit noch was anfangen können.

Viele Menschen in der Bevölkerung sind unzufrieden. Trotz der umfangreichen Maßnahmen gehen sie ins Freie, feiern und treffen sich, ohne den Abstand oder die maximale Anzahl von Kontaktpersonen einzuhalten. Die Polizei kontrolliert gelegentlich in den Parks oder auf Demos, eingeschritten wird jedoch nicht. Jedenfalls nicht da, wo ich diese Szenen beobachten kann.

Die Bundeskanzlerin ist mit den Länderchefs unzufrieden und möchte nun das Infektionsschutzgesetz verschärfen, der Bund soll in der Pandemiebekämpfung mehr Kompetenz bekommen. Es soll ein bundesweiter Lockdown mit Ausgangssperren beschlossen werden.

Derweil schlagen die Intensivstationen in Deutschland Alarm. Vor allem die Deutsche Interdisziplinäre Vereinigung für Intensiv- und Notfallmedizin (DIVI) fordert einen noch härteren und längeren Lockdown, damit die Intensivstationen nicht überlastet werden. Die Zahlen der DIVI sprechen aber eine andere Sprache. In allen Bundesländern liegt derzeit die Anzahl der freien Intensivbetten noch immer im zweistelligen Bereich. In Bayern, Stand 11. April 2021, gibt es derzeit 3345 gemeldete Intensivbetten. Von diesen 3345 sind 2878 Betten belegt. Davon befinden sich 758 COVID-19-Patienten in intensivmedizinischer Behandlung.

Bundesweit nahm in den letzten vier Tagen, Stand 10. April 2021, die Belegung mit COVID-19-Patienten auf den circa 1330 im DIVI-Register erfassten Intensivstationen um achtzig Betten zu, also nicht um achtzig Prozent. Das ist ein zusätzliches Bett auf jeder zwanzigsten Intensivstation. Warum die DIVI deshalb so Alarm schlägt, ist für mich absolut nicht nachvollziehbar.

Viele Prognosen und Modelle von Physikern und Statistikern sind nicht eingetreten. Warum? Weil sie eben die eigentliche Lebensrealität nicht erfassen können. Modelle beinhalten so viele Größen; die wichtigste Größe, der Mensch beziehungsweise sein Verhalten, kann nicht einfach in einem Modell festgehalten werden. Auch deshalb kranken diese Modelle und verursachen mehr Hysterie, als dass sie helfen. Aber natürlich liegt das Problem solcher Modelle und Statistiken auch an der Wahrnehmung der Menschen. Einige Menschen sehen nur bloße Zahlen oder Kurven, die auf- und absteigen, ohne diese in einen Kontext zu stellen. Daraus werden dann wiederum die falschen Schlüsse gezogen.

Wie wird es nun weitergehen? Wie bereits in meinem zu Beginn dieses Buches im Prolog erwähnten Tagebuchinterview mit der *Süddeutschen Zeitung* im April 2020 schaue ich nicht besonders zuversichtlich in die Zukunft. Im Gegenteil. Nun ist die Gesellschaft gespalten.

Ein sachlicher Dialog zwischen Befürwortern und Kritikern der Maßnahmen ist in weiten Teilen nicht mehr möglich. Die Maske ist zum Symbol geworden. Impfen eine Pflicht der Solidarität. Immer mehr Prominente und Politiker vergreifen sich in ihrer Wortwahl. Wer sich nicht impfen lassen möchte, wird asozial genannt. Wer sich nicht kleinlaut an alle Maßnahmen hält oder versucht, sich mit legitimen Mitteln dagegen zu wehren, wird kriminalisiert.

Teure Impfkampagnen werden gefahren. Dabei stellt sich leider heraus, dass einige dieser Prominenten tatsächlich (noch) gar nicht geimpft sind. So schafft man kein Vertrauen.

Der Rückhalt für die Politik schwindet, öffentlich wird aber weiter wenig kritisiert. Zu groß ist die Angst vor Nachteilen im Beruf und vor öffentlicher Kritik.

Die ersten Kollateralschäden werden nun deutlich sichtbar. Firmen und Geschäfte müssen wegen Insolvenz schließen, die ersten Kinder- und Jugendärzte, Psychiater und Psychologen zeigen auf, dass Kinder unter den Maßnahmen massiv leiden. Einzelne Gerichte hören nun auch kritische Gutachter an und untersagen deshalb die Anordnungen beziehungsweise den Vollzug mancher Maßnahmen. Vor allem die Maskenpflicht bei Kindern in Schulen wird immer öfter kritisch gesehen.

Durch den Wegfall von Sportangeboten leiden immer mehr Kinder, aber auch Erwachsene, an einer deutlichen Gewichtszunahme. Die vielen Jahre der Gesundheitsfürsorge und der Präventionsmedizin scheinen wie weggeblasen. Vorsorgeuntersuchungen, gesunde Ernährung, ausreichende Bewegung: Alles wird momentan ausschließlich dem Infektionsschutz untergeordnet. Verhältnismäßigkeit spielt keine Rolle mehr. Andere Erkrankungen, wie beispielsweise Diabetes und Herz-Kreislauf-Erkrankungen oder Erkrankungen aus dem psychiatrischen Formenkreis durch Einsamkeit, gerade bei alten Menschen, werden billigend in Kauf genommen, nur an COVID-19 soll möglichst niemand mehr erkranken oder gar versterben.

Wird sich die Gesellschaft je wieder von dieser Panik in der Pandemie erholen? Ich denke nicht, zumindest nicht so schnell. Unser altes Leben ist vorüber, es wird nicht mehr so wie früher sein. Die Urangst vor Krankheit, Tod und Siechtum wurde geweckt, und die Politik hat es zugelassen und gefördert, dass diese Angst tief in die Bevölkerung eingedrungen ist. Grundrechte wurden außer Kraft gesetzt, freies Reisen ist derzeit nicht möglich. Wer hätte das jemals gedacht.

Ich habe Sorge vor dem, was kommt. Nicht wegen mir. Ich habe mein Leben bereits mit Erinnerungen an eine Zeit vor Corona gefüllt. Ich habe Sorge wegen meiner und anderer Kinder, die auch irgendwann erwachsen werden. Werden sie jemals ein großes Konzert ohne Einschränkungen, ausgelassen, ohne Maske und ohne vorherige Testung oder Impfung erleben dürfen? Werden sie jemals spontan in ein Flugzeug steigen und verreisen können? Ohne Impfung, ohne Test, ohne Maske? Ich denke nicht. Werden Kinder jemals wieder ohne Maske, ohne Test und ohne geimpft zu sein, fröhlich und frei in die Schule gehen dürfen? Auch hier habe ich große Zweifel.

Denn niemand hat bisher den Zeitpunkt und die Voraussetzungen für das Ende aller Maßnahmen definiert. Wenn nun die derzeitigen Inzidenzwerte Einzug in die Veränderung des Infektionsschutzgesetzes halten, sind sie fixiert. Sie stehen fest. Und man wird ihnen nicht mehr entkommen können. Selbstverständlich ist davon auszugehen, dass bei umfangreichen Testungen der Inzidenzgrenzwert in jeder Herbst- und Wintersaison gerissen wird. Das aber würde wiederum bedeuten, dass die einschneidenden Maßnahmen immer wieder greifen.

Und was ist mit anderen Erregern? Was mit der Influenza? Werden dann wegen der Influenza ebenfalls harte Maßnahmen folgen? Das wäre nur logisch. Dann würden wir uns aber tatsächlich in einem geschlossenen Kreislauf wiederfinden, ohne je die Chance eines Ausweges zu haben. Masken und Tests würden sich etablieren. Nur eine Impfung würde eine gewisse Freiheit bringen. Aufgrund der Mutationen müsste der Impfstoff immer wieder angepasst und die Menschen in regelmäßigen Abständen geimpft werden. Wollen wir das wirklich?

Natürlich ist eine wirksame und gut verträgliche Impfung ein wichtiger Baustein in einer Pandemie. Meine Empfehlung wäre demnach die Impfung für Menschen über sechzig Jahre, Personen in Gesundheitsberufen und Menschen mit entsprechender Vorerkrankung, also chronischen Erkrankungen, die nach dem heutigen Stand der Wissenschaft einen schwereren Verlauf bei einer COVID-19-Erkrankung befürchten lassen. Natürlich sollte sich auch ein junger und gesunder Mensch impfen lassen können, so er das möchte. Notwendig ist es nach meiner Meinung nicht. Eine Impfung für Kinder braucht es nach den bisherigen Daten ebenfalls nicht. Eine grundsätzliche Impfpflicht würde nur die Spaltung weiter vorantreiben.

Wie könnte der Ausweg nun sein?

Zum aktuellen Zeitpunkt wären eine gute und verständliche Kommunikation, exakte Zahlen über das genaue Infektionsgeschehen und eine an der Realität angepasste Strategie enorm wichtig. Zunächst sollten nur noch tatsächliche COVID-19-Fälle gezählt werden, also kranke Personen mit einem positiven Test. Weiterhin müsste beobachtet werden, wie viele durch COVID bedingte Patienten auf den Intensivstationen liegen, also diejenigen, die wegen einer tatsächlichen COVID-Erkrankung auf die Intensivstation müssen, und eben nicht diejenigen, die einen schweren Herzinfarkt oder Autounfall hatten und danach positiv getestet worden sind. Gleichzeitig brauchen wir einen Überblick, wie viele COVID-Patienten vom Hausarzt behandelt werden. Hausärzte gehören ebenfalls zum Gesundheitssystem und sind somit ein wichtiger Indikator.

Aufgrund dieser Zahlen, die meiner Meinung nach einen viel kleineren Teil an tatsächlichen COVID-Fällen erbringen und somit die Realität abbilden würden, könnten alle Geschäfte, Einrichtungen, Restaurants und Hotels wieder öffnen. Die bereits vorhandenen Hygienekonzepte blieben erhalten, aber auf Maske und Schnelltests könnte man verzichten. In den folgenden Wintermonaten wären Abstand halten und eine gute Händehygiene die in meinen Augen wichtigsten Regeln. Die Desinfektion von Handläufen an Einkaufswägen oder die regelmäßige Reinigung von Türklinken würde sicher eine bedeutende Rolle in der Verhinderung von Übertragungen von SARS-CoV-2 und anderen respiratorischen Erregern spielen. Den Übertragungsweg der Schmierinfektion sollte man zudem mehr im Auge behalten.

Besonders wichtig wäre, den Menschen mit guten, realistischen und nachvollziehbaren Informationen die Angst zu nehmen und sie gleichzeitig zu motivieren.

Mit dieser Idee für einen Ausweg klammere ich mich an die Hoffnung, dass die Vernunft und Sachlichkeit baldmöglichst wieder Einzug halten werden. Trotzdem: Die Pandemie ist eine Zäsur. Es wird eine Einteilung in der neuen Zeitrechnung geben. Vor und nach COVID. Eine Zeit wie vor Corona wird es nie wieder geben. Politik und rampenlichtsüchtige Experten haben versagt.

Dank

Dieses Buch schrieb ich nach meiner Strafversetzung. Ich hatte über fünfhundert Überstunden angehäuft und wollte in dieser Zeit etwas Sinnvolles schaffen. Lange am Boden zu liegen, ist nicht meine Art.

Dank Carsten Polzin, meinem Agenten, fand sich schnell ein Verlag. Ich bedanke mich herzlich beim Langen Müller Verlag, namentlich bei Frau Sissi Klauser und dem Verleger Michael Fleissner für ihr gegebenes Wort. Beide versicherten mir, dass bei ihnen die Autoren im Vordergrund stünden und ich mich nicht verbiegen müsste. Sie hielten Wort, deshalb mein aufrichtiger Dank. Sicher war es nicht immer leicht mit mir.

Ein herzliches Dankeschön geht auch an meinen Lektor Achim Gralke, der mit viel Geduld und pädagogischem Feingefühl meine Sätze in die richtige Reihenfolge brachte.

Lieber Carsten, jedes Projekt beginnt mit einer ersten Handlung. Wir beide sind aufeinander zugegangen, Du weißt, was ich meine. Hier mein ausdrücklicher Dank!

Anke Behrend danke ich ganz herzlich für die künstlerische Unterstützung. Natürlich hat so ein Buch noch viel mehr Väter und Mütter. Deshalb bedanke ich mich ganz herzlich bei allen Menschen, die mich auf diesem Weg hierhergebracht haben. Egal, ob es nun Förderer oder Kritiker waren.

Würde ich alles wieder so machen? Selbstverständlich. Ich folge meinem inneren Kompass, auf den ich vertraue.

Natürlich sind Förderer angenehmer. Kritiker aber sind entscheidend, denn sie bringen einen Menschen zum Reflektieren, und gelegentlich geben sie auch den Anstoß, sich schon längst erträumte Projekte zu erfüllen. Ich bin mit mir im Reinen, ich hege keinen Groll. Vielen Dank und: Haben Sie keine Angst!